心理学ってどんなもの

海保博之著

岩波ジュニア新書 427

はじめに

中高生諸君と心理学を学びはじめた諸君へのメッセージ

本書は、大学で心について学びたいと思っている中高生諸君、さらには大学で心理学を学びはじめた諸君に、三つのメッセージを届けるために書いたものです。

一つは、「心理学はこんなおもしろいことをやっています。こんなところでこのように役に立っています」というメッセージです。

二つめは、しかし「心理学はサイエンスですから、それなりのしきたりや限界もあります。心理学への誤ったイメージだけで心理学を勉強してみようとは思わないでください」というメッセージです。

三つめは、やや欲ばりすぎていますが、「心理学は、あなたの心を、より「しなやかにする」手助けをします」というメッセージです。

心理学を学ぶ

私がはじめて心理学に触れたのは一九六二年、筑波大学の前身、東京教育大学教育学部の心理学科に入学したときでした。いま気がつきましたが、ちょうど四〇年前になります。

高校生のときに、心理学科を受験しようと思わせた理由があるはずなのですが、いま思い出せるのは、「五科目で受験できるところ(当時の国立大学の多くは五教科七科目でした)」「自分の実力で入れるところ」くらいの軽い判断で受験して、思いがけず合格したくらいのことです。

いまは高校での進路指導が充実しているし、情報も圧倒的に多くなっているので、こんな乱暴でいいかげんな進路選択をする受験生はいないと思います。

ただ、心理学には、中高生諸君だけではありませんが、かなり誤解されているところがあります。その誤解をかかえたまま大学の心理学科に押し寄せてきている実情があります。これでは教える側も学ぶ側もおたがいに不幸な教育環境ができてしまいます。本書は、そんな誤解を解いてもらうことも一つのねらいとして書いてみました。

そして、前ページの三つめのメッセージにかかわることですが、悩み多き中高生や大学一・二年生に、その悩みの氏素性《うじすじょう》を知ってもらい、悩みとのつきあい方のヒントを心理学から得てもらえればとの思いで、本書を書いてみました。

心理学ってどんなもの

私は心理学とともに四〇年過ごしてきました。そろそろ心理学の研究の現場から足を洗いつつあるからでしょうか。最近、「心理学っていったい何なんだ」「自分は心理学者として何をやってきたんだろう」との思いが頭をよぎることが多くなりました。先が見えてくると、後ろも気になるのかもしれません。

そんな思いを形にするには、「ジュニア新書」はふさわしくないかもしれません。しかしものは考えようです。中高生にもわかってもらえるように書くことで、かえって自分の中にあるもやもやした思いを整理し明瞭なものにすることができるかもしれません。

したがって、一部には、中高生の側からするとやや背伸びしたような疑問や回答があるかもしれませんが、それはこうした勝手なねらいが隠されているためです。でも、背伸びしたい盛りの中高生諸君と心理学を学びはじめた大学生諸君ですから、むしろそれくらいのほうがおもしろいということもあるのではないかと勝手に考えています。

本書の構成と読み方

全体を四部で構成してみました。

1部「心についての素朴な疑問にこたえる」では、心について、心理学者も含めて誰もがいだいている素朴な疑問をいくつかとりあげて、心理学ではこう考えている、という話をします。

2部「心理学の研究はどのようにおこなわれているのか」では、心理学ではどんなことをテーマにどのように研究しているのかを紹介します。

3部「心理学はどのように役立っているのか」では、心理学はどこでどのように役立っているのかについて紹介します。

4部「心理学はどのように学ぶのか」では、心理学をこれから学ぶ諸君への進路選択上の情報やメッセージを書きこみます。

すべて、Q＆A(質問・回答)方式、それぞれで完結するモジュール形式になっています。いちおうは全体を通して読んでいただくことを想定して、質問を並べてありますが、どこから読んでもらってもさしつかえありません。自分の知りたいことを目次から探して拾い読みしていただいてもけっこうです。

目　次

2部 心理学の研究はどのようにおこなわれているのか――61

3部 心理学はどのように役立っているのか――135

目次

イラスト＝守谷信介

1部

心についての素朴な疑問にこたえる

人は四歳頃から心というものがあることを「知っている」ようです。これ以後ずっと私たちは、心についてそれがどんなものか、どのように働くのかについての関心を持ちつづけます。かくして、心理学を学ぶずっと前から心についての自分なりの「理論」を誰もが持っています。それを素朴心理学といいます。1部では、素朴心理学から発する心についての疑問の代表的なもののいくつかをとりあげて、心理学の側から答えてみるつもりです。

1・1 心理学を知らなくても自分で自分の心を知ることはできますが、それでも心理学を学ぶと何かいいことがあるのですか——素朴心理学とアカデミック心理学

「自分のことは自分が一番よく知っているからほっといて」は、親のアドバイスに対する青年の反発の常套《じょうとう》句です。確かに人には自分でしか知りえない、したがってたとえ親でもうかがい知ることのできない、自分独自の心の世界を持っています。ですから、青年の常套句はそれなりに正当だとは思いますが、次ページの「ジョハリの窓」にしめすように、心の世界には他人からのほうがよくわかる部分もあるので、親など他人からのアドバイスも素直に受け入れることもときには必要です。

それはさておくとして、人は誰もがそれなりに自分の心を知っており、さらにその心の働かせ方もそれなりに知っています。これを「メタ認知」と呼びます（1・8参照）。たとえばつぎのような形でメタ認知は働いています。

・自分の性格は神経質なほうだ

ジョハリの窓

		他人は	
		知っている	知らない
自分は	知っている	open area（開放領域）	hidden area（隠蔽領域）
	知らない	blind area（盲点領域）	unknown area（未知領域）

・反復するとよく覚えられる

こうしたメタ認知を支えているのは、頭の中にある二つのタイプの知識です。一つは、体験的知識です。心にまつわる長年の体験から生み出された知識がメタ認知の支えになっています。もう一つは、「アカデミック（学問としての）心理学」の知識です。心理学の知識も常識となってちまたに流れていますので、体験的な知識との区別が難しいのですが、心理学を学ぶことによってメタ認知を支える知識は豊潤かつ強力になります。

たとえば「神経質なほうだ」との自己診断も、もし性格心理学の概念として「内向的」「うつ傾向」などの語彙《ごい》を知識として持っていれば、もっと深く自分の性格を診断できるはずです。また「反復するとよく覚えられる」のは確かですが、これに加えて記憶心理学の知見「覚えるものに意味（自分のよく知っていること）を付与する」ともっとよく覚えられます。

さて、この二つのタイプの知識のうち、心について人々が持っている体験的な知識が「素朴心理学」の知識です。

自然現象などについての知識は、だいたい学校教育で教えられますが、心についてはほとんど教えられることはありません。心理学をもっと児童生徒に教えるべきとの考えもありますす。それはさておくとして、教えられないにもかかわらず、人はすでに四歳頃から心についての知識を持ちはじめます（1・4参照）。それに比例してメタ認知も働きだします。結果として、心についての素朴心理学的な知識もどんどん豊かになっていきます。

これはこれでけっこうなのですが、いちばんの問題は、素朴心理学の知識がしばしば、アカデミック心理学の常識からするとびっくりするほど誤っていることです。

心理学の勉強をすることで、素朴心理学の誤った知識を訂正してもらいたいのです。これが心理学を学ぶ一つの大きな理由です。

もう一つは、素朴心理学の知識はメタ認知のおよぶ範囲に限定されます。たとえば、どのようにして人の顔を認識するのかについての知識は持ちえようはずがありません。人が無意識にしている心の働きはメタ認知できません。メタ認知できるのは氷山の一角にすぎません。氷山の下の部分がどうなっているかは、アカデミック心理学が営々と蓄積してきた知識に頼ることになります。

1・2　最近、理解に苦しむような事件や犯罪などが多すぎるように思いますが、どうしてでしょうか――心の理解

最近になって多くなったかどうかは、時系列データによる統計的な吟味が必要ですが、実感としてはそうかもしれません。そうした実感の背景には、理解できない特異なものほどマスコミ報道がはげしくなり、結果として記憶に残りやすく、また記憶から引き出されやすいという心理的なメカニズム(利用可能性ヒューリスティックと呼ばれています)が働いているからです。このあたりは社会心理学の一つの研究課題になっています。なおヒューリスティック(heuristic)とは、直感的におこなうその場にあった便宜的な思考のことです。

閑話休題。なぜこうしたことを言うかというと、たとえば最近、青少年犯罪が多発しているようにみえます。確かに「増えたなあ」という実感を自分でも持ちます。ところが東京工業大学・影山任佐氏(犯罪精神医学)の分析では、時系列データをとってみると、平成に入ってからは昭和の終わりよりも減っているのです。

犯罪の特異さが記憶に焼きついて、それが「増えた」という実感とつながっているような

ところがあるように思います。また、人の記憶の限界もあります。それほど昔にまでさかのぼって思い出すこともできません。

それはさておくとして、特異な事件や事例に出会うと、それがなぜ起こったのか知りたくなります。その「なぜ」は、事件や事例を引き起こした犯人や当事者の動機に向けられます。なぜ殺したのか、なぜいじめたのか、というわけです。「理解できない」というとき、この動機が自分には共感できない、了解できないということです。

共感や了解を支えているのは、その人の持っている素朴心理学です。「山田君が殴ったのは、田中君が悪口を言ったことに腹を立てたからだ」とか「青少年犯罪が多いのは、家庭でのしつけに問題があるからだ」とかいった自分なりの解釈の背景にあるのが、あなたの素朴心理学です。

なお、アカデミック心理学の一部として、「ふつうの」人が持っている素朴心理学を「科学的に」研究するという領域があります。

たとえば、一九九八年一月に栃木県で中学一年生が女性教諭をナイフで殺傷する事件がありました。アカデミック心理学の研究課題としては、「その少年の殺傷行為の動機や背景の分析」が一つありますが、もう一つ、その事件について人々(あなた)はどう考えているかについて、アンケート調査やインタビューをしてみるということもあります。これが素朴心理学についてのアカデミック心理学になります。社会心理学ではこうした研究がさかんです。少しややこしい余談が長くなりました。心理学を知ってもらうための寄り道です。話を元に戻します。

あなたの素朴心理学が豊かで有効であれば、心が「理解できる」ことになります。「理解に苦しむ」のは、あなたの素朴心理学が世の中の動きや人々の心の変化に十分に対応できるほどに豊かでも有効でもなくなっているということになります。素朴心理学をより豊かで有効なものにするのは、一つには心の修羅場《しゅらば》をくぐり抜けた体験を知恵としてどれほど蓄積しているかということがあります。

やや恥ずかしいところもありますが、ここで個人的な体験を少々。

小学校高学年の頃、夜驚症(夜中に飛び起きて騒ぐ)に悩まされたことがあります。また、大学生の頃は赤面恐怖症に悩まされました。四〇歳の頃はややうつっぽくなりました。私もそれなりに苦労してきました。そこでの苦労がたぶん、みずからの心をコントロールしたり、人を理解したりするのに役立っているのではないかと思っています。

あなたの素朴心理学を豊かで有効なものにするもう一つは、いうまでもなく、アカデミック心理学です。

またまた個人的な体験で恐縮ですが、大学に入ってすぐに学園祭の出しものの準備のためにS・フロイトの精神分析(2・12参照)の勉強をしました。これが、かわいた土に水がしみこむかのごとく頭に入ってきました。昔の、そしてそのときの自分の心の動きがものの見事に説明されてしまいました。個人的な体験にもとづいた素朴心理学が、ここでアカデミック心理学と融合したわけです。心理学を専攻してほんとうによかったと思いました。

なお、「理解に苦しむ」ことは悪いことではありません。かんたんに理解してしまう、わかってしまうほうがむしろ問題です。疑問を頭の中に飼っておくくらいの気持ちがあるほうが、知的環境としては健全です。

ということで、事件や犯罪そのものの分析はせずに、「理解に苦しむ」あなたの心理を分析してみました。答えをはぐらかせてありますが、こんなところにも心理学のおもしろさを実感してもらえるといいのですが。もちろん、事件や犯罪を心の面から研究する犯罪心理学も心理学の一分野としてありますので、質問へのまともな答えはそちらのほうにおまかせすることにします。

1・3　心って何なのですか——心の定義

二〇世紀前半の心理学は、自然科学の研究パラダイムをそのまま取りこんで研究がおこなわれていました。そんな時代には、おかしな話ですが「心なき」心理学がアカデミック心理学として世の中を闊歩《かっぽ》していました。

「心って何なのですか」などという疑問を持つ余地などなかったのです。観察できる行動とそれを規定している刺激との関係だけを客観的に記述すべしとする行動主義が、心理学の主流となっていました。心とは何かに思いをめぐらす必要のない(?)動物を使った研究が、「心」理学としてあたりまえのごとくにおこなわれていました。

もっとも、こうした時代思潮の中でもフロイトの精神分析(2・12参照)やゲシュタルト心理学などが、「心」理学の研究として細々とではありますがおこなわれていました。

ちょっと脇道にそれますが、ゲシュタルト心理学について一言。その主張は、「心的経験は、部分の総和以上のものである」に集約されています。左の図を見てください。一つ一つ

カニツァの主観的輪郭

の物理的な刺激を単に寄せ集めても存在しないはずの輪郭《りんかく》が「主観的には」はっきりと見えます。それこそ部分の総和以上のもの、つまり形態質(Gestalt)の誕生です。ここに心の特性をみようとしたのがゲシュタルト心理学です。明らかにこれこそ「心」理学と思いませんか。

　さて、こうした隠れ「心」理学の細いが強い流れが、二〇世紀後半になると一気に主流を占めるようになってきます。きっかけは、知的人工物・コンピュータの開発です。コンピュータで人の知的活動をまねしてみようという野心的な試み(人工知能研究)に触発されて、人の頭の働き(認知機能)への関心が、マグマのごとく吹き出しました。それが、行動主義に対抗するものとして、認知主義の流れを一気につくりだし、現在にいたっています。

　「心とは何か」「意識と何か」「自己とは何か」といったような心をめぐる根源的な問いが、哲学者や工学者を巻きこんで心理学の中で堂々と議論できるようになりました。なぜなら、人工「知能」というからには「コンピュータに心は埋めこめるのか」「コンピュータに自己意識を持たせることができるか」などを考えざるをえなくなったからです。

そうした議論の中で出てきた、「心とは何か」を考えるうえで基本的な主張を二つほど紹介しておきます。

一つは、Ａ・チューリングが提案した、コンピュータが心を持っていることを証拠立てる手だてです。これは、人とコンピュータとを対話させたときに、その人が相手がコンピュータであることに気がつかないなら、コンピュータは心を持ったとしようというものです。言葉を操れれば、それは心がある証拠とするわけです。チューリング・テストと呼ばれました。巧妙な、しかしちょっとずるい感じのする提案です。「心の実験室」に一つの関連した試みをあげておきましたので、参考にしてください。

もう一つは、ソニーコンピュータサイエンス研究所・茂木健一郎氏が最近発表している、脳機能と心に関する主張「クオリア(qualia 質感)こそ心なり」です(『心を生みだす脳のシステム』ＮＨＫブックス)。氏は、クオリアを二つに分けます。

一つは、感覚的クオリアです。これは赤信号を見たときに感ずる、たとえば「あざやかな赤」「りんごのような赤」というような主観的な感覚の体験(質)のことです。もう一つ、志向的クオリアもあります。赤信号という言葉を聞いたときに、それが赤信号という物に「向けられている」という感覚のことです。言葉に意味を感じさせるもの、それも志向的クオリアです。

いずれも、質問への直接的な回答にはなっていませんが、「心とは何か」をぴたりと答えられたら、それで心理学の研究は終わりです。この疑問を解くための終わりなき探究の営みの中から心理学は心についての豊かな知見を生み出してきたし、これからも生み出していくのです。

心の実験室「コンピュータにも心がある?」

カウンセリング(相談)場面でのつぎの対話の流れの中で欠けている部分に、あなたがカウンセラー(相談される人)だったらどう答えるかを入れてみてください。

相談者「人はみんな同じです」
あなた1「　　　　　　　　」
相談者「いつも何かで私たちを悩ませます」

あなた2「　　　　　　　　　　　　　　　　」
相談者「私のボーイフレンドが私をここにつれてきました」
あなた3「　　　　　　　　　　　　　　　　」
相談者「彼が言うには、私はいつも元気がないそうです」
あなた4「　　　　　　　　　　　　　　　　」
相談者「ほんとうに私は不幸です」

【解説】 この対話の「あなた」のところに、つぎのようなコンピュータからの応答が入ります。自分の応答と比較してみてください。

あなた1「どういうふうに？」
あなた2「何か例を思いつきますか？」
あなた3「あなたのボーイフレンドがあなたをここにつれてきたのですね」
あなた4「それはお気の毒です」

この応答は、カウンセリングの基本である傾聴、つまり、相手の言うことに対して「確認」と「受容」をすることにもとづいたものです。

もし、つぎのような応答だとすると、あなたはカウンセラーには不向きかもしれません。「解釈や反論や指示はカウンセリングでは慎重に」が原則だからです。
あなた1「そんなことはありません。人はみんなそれぞれ個性があります」
あなた2「何かって何ですか」
あなた3「強制的にですか」
あなた4「人の見方はそれぞれですから」
本題は、カウンセリングの話ではなく、人に心があるかどうかの話でした。この応答システムは、J・ワイゼンバウムという人がつくった「イライザ(ELIZA)」という人工知能(というには、じつはややお粗末なものなのですが)によるカウンセリング場面での応答例です。あまりにもよくできていたため、ワイゼンバウムの秘書がすっかりとりこになってしまったそうです。
なお、イライザではそこまではやっていませんが、コンピュータに言語を理解させる試みは人工知能研究の最大の課題です。場面を限定するなら現在でもかなりのところまで成功していますが、人間の言語活動に備わっている臨機応変性・柔軟性をつくりこんだ汎用人工知能は実現できていません。

1・4 生まれたばかりの赤ちゃんにも心はありますか――心の発生

心に限らず、人は事の起源への関心が強いようです。

そういえば、一八六六年、パリの言語学会では、言語の起源に関する発表を禁止してしまったという話があります。どうしてかというと、決着がつく見通しがまったくないにもかかわらずつぎつぎと論文が投稿されて、そのために知的資源が無駄に使われるからだというのです。そんなことにならない程度にさっと、人はいつごろから心を持つようになるかを考えてみます。

まずは、D・ザイチックが三歳児と四歳児を使っておこなった「誤信念課題」実験を紹介してみます。子どもたちの前で、サリーとアンがつぎのような寸劇を演じます。

1 サリーが熊のぬいぐるみをおもちゃ箱に片づけて部屋の外に出かけます。

2 部屋にアンが入ってきて、熊のぬいぐるみをおもちゃ箱から取り出して少し遊んでから、それをこんどはタンスにしまいます。

3　サリーが部屋に戻ってきます。

さて、ここで子どもに質問します。「サリーは、また、熊のぬいぐるみで遊ぼうとします。さて、どこを探すでしょう？」

三歳児は「タンスの中」と答えます。四歳児は「おもちゃ箱」と答えます。「正しい」のはどっちですか？

四歳児のほうです。サリーが現実とは違った「誤った信念」(過去の記憶)を持っていることを、子どもが正しく認識できれば正解なのです。やや複雑になりましたが、冷静に考えればわかるはずです。

さて、この実験の結果は何を物語っているのでしょうか。

心の存在証明を直接おこなうことはできません。心は目に見えないのですから。となると、存在証明をするには、こんな行為ができるなら心があるとしましょうという了解のもとで、その行為ができることを確認するという間接的な方法しかありません。

この実験の巧みなところは、心を持っている人なら誰でもが持っているはずの投影心性に着眼したところです。つまり、もしその人(三歳児、四歳児)が心を持っているなら、他人(サリー)が心を持っていると考えるはずとしたわけです。もっともこの実験でいう「心」は記憶という心の働きに限定されていますが。

というわけで、この実験結果から、三歳から四歳頃にかけて、「心」が発生しているらしいことがわかったのです。この研究は、「心の理論」に関する研究と呼ばれています。人は心についてどのように考えているか(どのような理論を持っているか)を研究しようとするからです。

しかし、これとは別の系統の研究として、新生児発達心理学という領域があります。そこでは、新生児でも、「心」の存在をうかがわせる行動がたくさん観察できることが知られています。たとえば、つぎのようなものです。

・母語の音や顔の絵が他のものとは違うことがわかっている
・親のリズムや気持ちに共鳴する動作をする
・自分の微笑によって親との交流を活発化しようとする

こういう知見をみると、心がいつごろから発生するかは、結局、何をもって心の発生とみなすかという、例の定義問題になってしまうことがおわかりと思います。

なお、ここまでの心の発生の話は、人の一生の中で、つまり個体発生の観点からでした。

心の発生に関しては、あと二つの観点があります。

一つは、系統発生的な観点。

心があるのはプラナリアか、それともチンパンジーかという話です。これについては、かなり真剣な議論が動物心理学でおこなわれてきました。次項であらためて考えてみます。

もう一つは、人類史上いつごろ、心が発生したかという観点。

途方もない疑問ですが、観点としてはあります。言語の発生との関係で、ときおり議論されることがあります。四万年前くらいに出現したクロマニョン人（新人）あたりからではないかとの説がありますが、これも検証はとてつもなく難しいです。

1・5　動物にも心はあるのですか――心の進化論

犬もいじめれば悲しそうな振るまいをします。チンパンジーは声を出して仲間とコミュニケーションをしています。あるいは、最近では人の振るまいをまねた電子仕掛けのロボットもあちこちで見かけます。そんな振るまいや行動を見ていると、動物も機械も人と同じように心を持っているように見えます。

「人が解釈できるような」言動をするものには心がある、と定義してしまうなら、ほとんどの生物、さらには機械にさえ心があると言ってもいいことになります。この定義は擬人法的な心の定義とも呼ぶべきもので、比較的、一般に受け入れられやすいものです。

ペットを飼う人はもちろんのこと、アカデミックな心理学の中でもかつてはおおっぴらに採用されていたことがありますし、現在でもたとえばロボットに「心」を持たせる試み(人工知能研究)などでは、暗黙裏に採用しています。

これらに共通しているのは、心を直接問題にせずに「人のような心があるとするなら、それは、外部にこんな形であらわれるはず」という前提をおいているところです。「こんな形」が外部から観察できれば、その心は存在することになります。

しかし、擬人法的な見方はしばしば、正しい認識を妨げることが知られています。二〇世紀初頭、足し算の答えを足で床を叩く回数で答える賢い馬・クレバーハンスが有名になったことがあります。よくよく調べてみると、飼い主がハンスにわかってほしいと期待するばかりに、無意識のうちに(本人も知らずに)答えのところで微妙なサインを出していて、それを馬が読みとっていたにすぎないことがわかりました。それがわかるまでは、馬にも人なみの知性(心)があるらしい、と人々に信じさせてしまいました。

動物心理学の説明原理として知られているモーガンの公準(Morgan's canon)というものがあります。「いかなる行動も、より低次の心的機能のもたらしたものとして説明できるなら、それを高次の心的機能によるものとして説明してはならない」というものです。クレバーハンスの「賢い」行動を、高次の知性の反映としてではなく、もっと低次の単なる知覚能力の反映として解釈せよということです。ペット好きの人にとってはなんとも味気ない殺伐《さつばつ》とした感じさえする公準かもしれませんが、「シンプルなものには真実あり」というサイエンスの公準のほうに分がありますから、いたしかたありません。

なお、ここでいう低次・高次はじつは心の定義に深くかかわっているし、質問に対するもう一つの答えと関係するので、少し解説しておきます。

低次の「心的」機能とは、外部の刺激に応答して起こる行為を支える「心的」機能です。目に強い光を照射すれば瞳孔《どうこう》が収縮します(瞳孔反射)。物が飛んでくれば避けます(回避反射)。こうした反射的な行為の背景にある「心的」機能が低次の心的機能です。ここで「心的」とかっこで囲んだのは、ここではほとんど心を持ち出す必要がないからです。

心の存在を仮定するのにふさわしいと誰もが考えるのは、高次の心的機能、覚えたり、考えたり、判断したり、学んだりといった認知機能があるところです。

ところが、このあたりに心の存在を認めることになると、ネズミやハトくらいから心があることになります。ネズミもハトもかなり高次の心的機能を発揮するからです。ハトでも訓練すればピカソの絵を見分けるそうです。動物を使った研究成果から、人の高次の心的機能のメカニズムを解明しようとする動物心理学の研究の意義もこんなところにあります。

しかし、どうでしょうか。ここまできてもまだ、動物に人と同じような心がある、とする考えを素直に受け入れる気持ちにはなれないという人もいるはずです。心はもっと高次(超高次?)の心的機能に限定すべきと主張したいのだと思います。その「超高次の」心的機能とは何でしょうか。

それは、志向性とか能動性とか意図性とかが反映された行為を支えるものです。人は外部から動かされる存在ではなく、みずからの意志で動いて自分や環境をつくりあげていく存在と考えるわけです。

心の存在をここに限定する立場は、人間性心理学(2・2参照)という、科学的心理学と対立する心理学で採用されています。心理学の歴史の中で主流になったことはありませんが、一貫して根強く人々を引きつけてきました。

質問に対する答えは、したがって「動物にも心あり」ということになります。しかし、それはあくまで科学的な研究を進めていくうえでの定義、あるいは研究者どうしの了解の問題であることを忘れてはなりません。

心の談話室「ハトはピカソの絵を見分ける」

慶応大学教授・渡辺茂氏は、スキナー箱と呼ばれるかんたんな装置を使って、ハトでもピカソの絵とモネの絵が弁別できることを確かめています(『ピカソを見わけるハト』NHKブックス)。

実験の仕掛けはかんたんですが、実験そのものはたいへんです。スキナー箱という装置の中で、ハトがピカソの絵をつついたら、餌が出るようにするだけですが、それぞれ二〇枚の絵を用意して、二〇日間ほど弁別訓練させることになります。

訓練には使わないピカソの絵も区別できた（般《はん》化《か》した）ことから、色や輪郭などの単なる表面的な特徴によって弁別しているのではなく、人と同じように、さまざまな手がかりを総合して弁別をしているらしいこともわかってきました。でも心配？はいりません。あなたは、ピカソとモネの絵の区別を言葉で語ることができますが、ハトにはさすがにそれだけはできませんから。

1・6 心は鍛えれば強くなるのですか——心の陶冶

体は鍛えれば強くなることを実感できます。筋肉がつき、技能も向上します。心にも同じことが言えそうですが、事は思ったほどかんたんではありません。かんたんでないのは、「心」と「鍛える」と「強くなる」の意味内容にかかわります。

この質問の根源にある問題に答えるのには、学校教育ではどんなことがめざされているかを考えてみるのが一番いいと思います。じつは、この質問にはもっと世俗的な意味があるのは承知しているのですが、そちらのほうは後回しにします。

学校教育の目的は、子どもが世の中に出たときに困らないように、適切な心の準備をすることです。このとき、どのような準備が適切かに関して、大きく二つの対立する立場があります。

一つは、実質陶冶《とうや》と呼ばれるものです。世の中で必要とされる実質的な知識や技能、たとえば金勘定のしかたやコンピュータの使い方や人とのつきあい方などについて教えることが

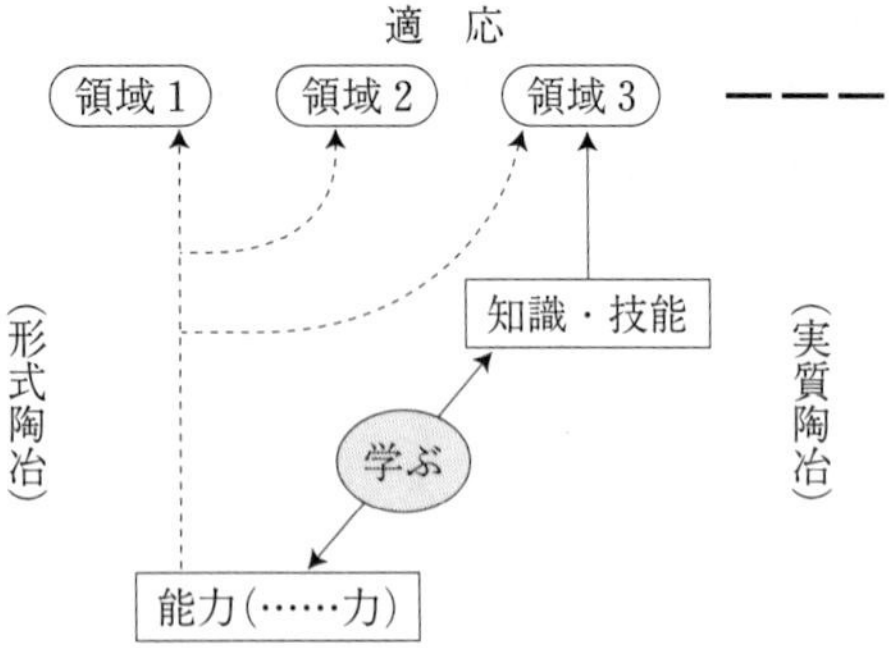

形式陶冶と実質陶冶

学校教育のめざすところだというものです。

もう一つは、形式陶冶と呼ばれるものです。世の中で必要とされる基盤的な能力を陶冶することが学校教育のめざすところだというものです。考える力、判断する力など、それがあれば新しいことを学ぶのに苦労しないような力です。

いまの日本の教育界をこの観点から眺めてみると、高校段階までは、「生きる力」「自ら学ぶ力」というような惹句《じゃっく》が流行しているのをみてもわかるように、形式陶冶のほうに振り子が振れています。ところが、大学は逆にもっと実学をという圧力にさらされています。いずれも、反対方向へ振れすぎた振り子を逆方向に戻そうとする動きです。

学校でつくられる実際のカリキュラムは、両者の立場の折衷《せっちゅう》的なものになっているのが一般的ですが、この両極端の立場は折に触れていたるところで衝突します。いずれの立場に立つにしても、学校教育では結果として心の陶冶をしていることになります。

知識を増やす、技能を向上させる、能力を高める。いずれをとってもそれは心の陶冶になります。それを一〇年単位の歳月をかけてじっくりとやるのが学校での教育です。ですから、質問の答えは「心は鍛えれば強くなります」ということになります。

しかし、この項の質問でほんとうに聞きたいことは、たとえば「ストレスに強くなるのは」とか「集中力をつけるには」とかいったたぐいのことではないかと思います。この意味での質問に答えるときにも、実質陶冶的に考えるか、形式陶冶的に考えるかで、いずれも答えは“Yes.”ですが、答えの内容と方法が異なってきます。

実質陶冶的な立場なら、いわゆるハウツー(how to)的な知識をまず仕込むことになります。「何がストレスになっているかを確認する」「ストレスを高めないために定期的な休息をとる」「ストレス源からの距離を調整する」「ときにはいつもと違ったことをしてストレスの解消をはかる」など。さらに、それを実際のさまざまなストレス場面で試す訓練をすることになります。

これに対して、形式陶冶的な立場なら、たとえば「ストレスとは何か」「その心理的なメカニズムはどうなっているのか」「ストレスは人間にとってどんな意味があるのか」など、当面のストレスへの効果的な対処は期待しないがどんな場面のどんなストレスにも効果的に対処できるはずの知識を仕込み、一般的なストレス対処力をつけることをねらうことになります。

実質的陶冶的な立場のほうが直接的ですからわかりやすく、その効果も、限定はされますが、すぐに目に見えます。したがって、すぐにでも飛びつきたくなります。ただし、まがいものの宗教や性格改造などのマインド・ビジネスやハウツー本が、おいしいそうな餌をたれて飛びついてくるのを待っているので、注意してください。

心を強くしたいという気持ちは痛いほどわかります。体を強く健康にしたい気持ちと同じだと思います。しかし、心は体ほど部分的ではありません。知性も感情も一体で考えなければうまくいきません。また心は体ほど「強さ」を志向していません。テストで七〇点より八〇点をとるほうが知的には確かに「強い」とは思います。でも、感情の豊かさや安定となると「強さ」とは無縁です。

心は強さよりも、さまざまな場面にうまく対応できる竹のごとき「しなやか心」の陶冶こそが大事ではないでしょうか。そのほうが心のくせにかなっているからです。

1・7　自分の性格があまり好きではないのですが、性格は変えることができますか――性格改造

「もっと頭がよくなりたい」「もっと集中できるようになりたい」「もっと人に好かれる性格を身につけたい」など、性格に限らず、自分の心を変えたいという気持ちは誰にもあります。その気持ちが向上心につながります。ただし、次ページの図にあるように、なりたい自分がいまの自分よりもちょっと先にあるくらいならけっこうなのですが、それがあまりにかけ離れているときは、好ましい状態とは言えません。

高校生くらいの年頃は、自分に最も厳しくなる時期です。そして、それに反比例して、なりたい自分がずっと高いところにおかれる時期でもあります。したがって、心穏やかならざる日々、悩み多きときを送ることになります。その体験は貴重です。逃げたりせずにじっくりと味わうくらいの気持ちで格闘してみることです。これが、この時期の若者に課された課題(発達課題)だからです。

人生訓めいた話になってしまいました。年寄りの悪いところです。性格を変えたいという

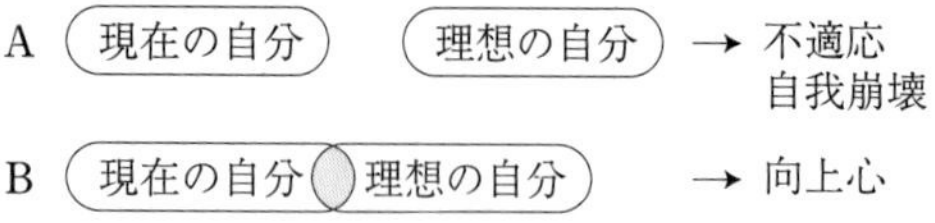

現在の自分となりたい自分との距離

話に戻ります。

最初に申し上げたいことは、自分の性格を変える努力以前に、自分の性格を知ることが先決ということです。自己認識がきちんとできるようになれば、性格を変えたいというその気持ちさえ消失してしまうことがあります。この点については、三二ページの「心の実験室」で考えてみてください。

さてつぎは、性格を変えられるかという質問に答えたいと思います。

一口に性格といっても、ほとんど生まれつき決まっている気質から、ある社会的な役割を長年はたしているうちに身につけた役割性格まであります。気質を変えることはまず不可能ですが、役割性格なら、役割を変えれば(が変われば)、それにふさわしい新たな役割性格をつくりだせます。問題は、気質と役割性格の中間にある「性格」が変えられるかどうかです。

結論を先に言うなら、“Yes, but”となります。なぜ「but」なのでしょうか。

手元に『人格改造！　都市に増殖する闇のネットワーク「自己開発セミナー」』(二澤雅喜著、ＪＩＣＣブックレット)という小冊子があります。その表紙の言葉を摘記してみます。

「「違う自分になりたい」と願う「ふつうの人々」が泣き喚き、踊り狂い抱き合って絶叫する！――人はいかに「洗脳」されていくか」

これほどまでしてあなたは自分を変えたいと思いますか。しかも、料金は万円単位です。いきなりこの小冊子を紹介したのは、性格を変えることはできるのですが、ここまでやるのはやりすぎということを言いたかったからです。

お化粧をして外見を変えるのとは違います。心は全体が一つになった統一体です。表面のある部分だけを突出して急に変えても、他の深層の部分がそれに伴って変われません。「三泊四日のセミナーで」はいかにも乱暴です。心(自我)の崩壊をきたすか、すぐに元に戻ってしまうかです。

心を変える(変えたい)ときには、つぎの四つの配慮は必須です。
・じっくりと時間をかけて徐々に
・全体に目配りをして
・自分なりに納得できるやり方で
・過去の自分との一貫性を保つようにして

どうしても、人の助けが必要なら、心理カウンセラーのもとを訪ねることをすすめます。助けられ上手になってみるのです。心の穏やかな「改造」策のヒントを与えてくれるはずです。

心の実験室「自分の性格を知る」

1　あなたの性格を五つの短い言葉で表現してみてください。

・
・
・
・
・

2　その言葉のうち

長所と言えるようなものは↓

短所と言えるようなものは↓

【解説】　自分のことは自分がいちばんよく知っているように思いがちですが、じつは意外にそうではありません。すらすらと自分の性格を適切に表現する言葉が出てきましたか。けっこうとまどったのではないでしょうか。そのとまどいをもたらしたのは、つぎの二つです。

一つはあなたの性格認識の鈍さです。もう一つはかりに性格認識が正確であったとしても、それを適切に表現する言葉が見つからなかったからです。

この二つはじつは密接に関係しています。性格を表現する語彙《ごい》の貧弱さは、性格の認識を鈍くさせます。言葉は認識のための強力な道具なのです。性格心理学を勉強すると、性格を記述する語彙が豊富になり、それに伴って自分の性格認識も正確になってきます。

関係してもう一言。青年期の自己認識は自分に厳しいのが特徴です。2では、短所のほうが多くなっていませんでしたか。

こうした性格認識のくせを知っておくと、よりまっとうな自分を知ることができるようになります。自分をきちんと知ることは、なりたい自分をつくっていくためにもきわめて大切なことです。

1・8　自分で自分の心をコントロールできなくて困っているのですが、なんとかなりませんか——心の自己コントロール

四歳頃になると、すでに人間には心があるらしいということがわかってきます。心の存在がわかれば、それがどんなもので、どのようにすればコントロールできるかを考えるようになるのはとうぜんです。それを痛切に願うのは高校生の頃です。

さて、自分で自分の心の働きを知るのをメタ認知と呼びます。頭の中にもう一人の自分(ホムンクルス)がいて、あなたの心を監視したり、コントロールしたりしているようなものです。metaとは、「超えて」「後から」「ともに」を意味する接頭語です。

心の自己コントロールは、このメタ認知力が深く関係してきます。メタ認知には、自分の心を知る働きと、自分の心をコントロールする働きとの二つがあります。

まず、「自分の心を知る」働きのほうから。これにもいろいろあります。

●自分は何を知っていて何を知らないかを知る(知識についてのメタ認知)

「首相の自宅の電話番号をあなたは知っていますか」と問われたら、ただちに「知りま

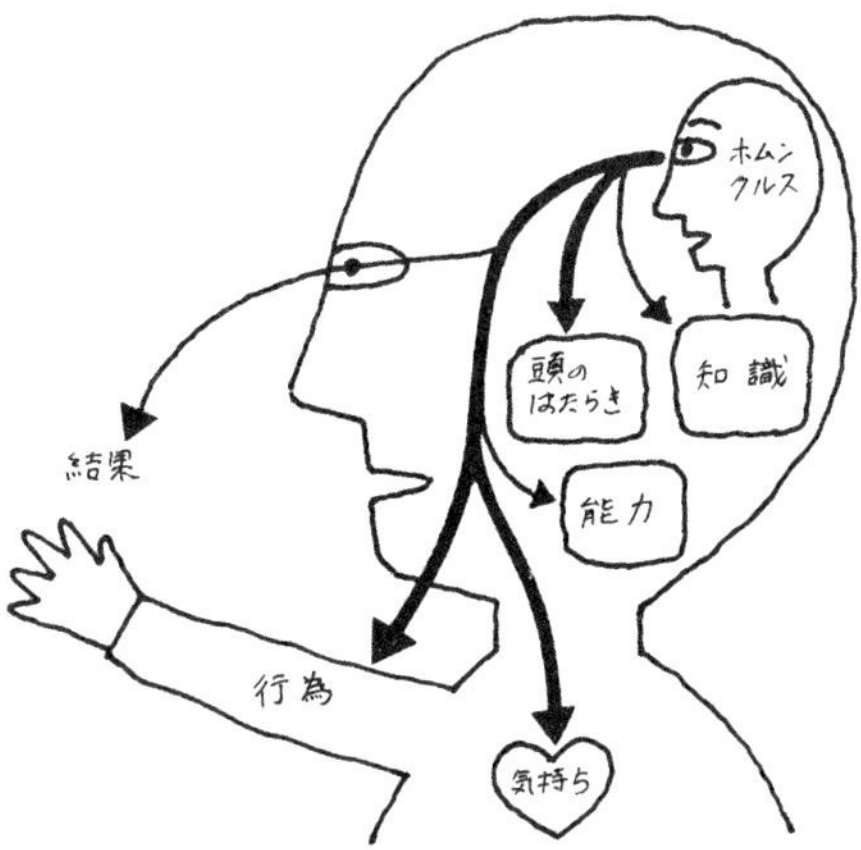

メタ認知の領域

せん」と答えるはずです。知らないということを知っている、漢文調に言うなら「知不知(知らざるを知る)」からこそ、電話帳を調べたり、電話局にたずねたりすることになります。これが知的好奇心を生み、結果として科学的な探究心へとつながることになります。

●自分は何ができて何ができないか。あるいはどこまでできるかを知る(能力についてのメタ認知)

目の前にある試験問題を解こうとするときに、「これはダメだ」「これならなんとか解けそう」という勘のようなものが働くはずです。あるいは、この仕事なら制限時間内にほぼ一〇〇%できるという推測ができます。これがあるから無謀な試みも抑制されます。できそうにないときは、あらかじめ人に助けを求めることもできます。

●自分の現在の心の働きがどうなっているか(認知状態についてのメタ認知)

眠くなってきたとか、集中力が途切れてきたとかといった認識です。これがないと、居眠りをしてしまったり、注意低下の状態で仕事をして、へたをすると事故を起こしてしまうことになります。

つぎは、「自分の心をコントロールする」働きのほうです。

●認知状態に応じた対処方略を選ぶ(方略選択についてのメタ認知)

眠ってはいけないときに眠くなったらどうしたらいいかは、経験的に知っています。集中力が落ちてきたら、小休憩をとればいいことも知っているはずです。あるいは、いろいろの対処方略が考えられるときに、一番よさそうなものを選択することもできます。

●対処方略を実行し評価し訂正する(行為の実行と評価についてのメタ認知)

これが自己コントロールの最終局面になります。自分がこうしたいという方向に自分のしていることが向いているかをチェックし、まずければ訂正のための行為をすることになります。

このように、メタ認知を十全に働かせて、そのときその場にあった自己コントロールをしていくことになります。しかし、残念ながら、このメタ認知がいつも完璧に働いてくれるとは限りません。ここで心の自己コントロール不全へのいらだちが発生します。

なぜメタ認知が完璧に働いてくれないかというと、そもそもメタ認知力が十分に備わっていないということがまずあります。これがほぼ完璧になるのは青年期が終わる頃です。というより、メタ認知力が完璧になると、心理的な意味での青年期が終わったといえます。

高校生あたりはメタ認知力がピークになる「直前」ですから、したがってできそうでできない「いらだち」を痛切に感じることになります。

また、メタ認知が十分に備わっていても、状況によって一時的にメタ認知が働かなくなることがあります。頭がパニックになってしまっているときとか、勉強やゲームに熱中してしまっているときとかです。ホムンクルスの出番がないのです。こうした状況では、ホムンクルスの代わりを周囲の人に頼むのが賢明です。助けられ上手になることも大事です。

さらにもっと構造的な問題として、人の心にはメタ認知が不可能な領域があります。一般に心の働きには、その働きをほぼ完全に意識できる領域と、意識しようとすれば意識できる領域と、まったく意識できない領域の三つがあります。例をあげてみます。

○意識化可能な領域
・何かを計画するプロセス(思考過程)
・難しい問題を解くとき(課題解決過程)
○努力によって意識化可能な領域
・ものをどうやって覚えているか(記憶過程)
・自分はどんな性格か(性格の自己認知)
○意識化不能な領域
・どうやって痛みを感じているか(痛覚のメカニズム)
・人の顔をどのようにして認識しているのか(パターン認識)

この三つの領域が氷山のようになって心の世界をつくっています。このうち、もっとも大きな領域を占める「意識化不能な領域」はまったくメタ認知ができません。ちなみに、こうした領域を心のアーキテクチャー領域と呼び、心理学ではもっぱらモデルによって説明を試みます。基礎心理学では、もっぱらこの領域に研究上の関心を寄せています。

最後に、メタ認知力を高める方策を二つほど。

一つは、内省する習慣をつけることです。とりわけ、日常の生活の中で何かいつもと違ったことが起こったときの自分の心の状態について、できればそのときその場で、あるいは気持ちがおさまったときに振り返る習慣をつけることです。「心の談話室」欄に筆者のささやかな試みを紹介しておきますので、参考にしてみてください。

もう一つは、手前みそになりますが、心理学を勉強することです。心理学の中には自分を知り、自分をコントロールするための知識が豊富にあります。本書もそうした役割の一助になるはずです。

心の談話室「心の日記をつける」

筆者はここ二〇年くらい、「認知的体験」と称するコラムを書き、ホームページや自分で発行しているミニ・ニューズレターに掲載しています。自分の心を知りたい(メタ認知力をつけたい)という思いや、研究の素材を見つけたいとの思いからはじめたものです。こんなものを参考に、あなたも「心の日記」をつけてみたらどうでしょうか。

●認知的体験　01・6・26　海保

「外人と話す」

すっかり英語フォビア(fobia　恐怖症)になっている。昨日も心理学会関係でブラックウェル社副社長の表敬訪問を受けた。幸い通訳がいたが、気が疲れる会話であった。昔は英検一級をとったのになー。全然英語が出てこなくなってしまった。三月にはUCLAのビョーク夫妻が記憶の国際学会で筑波に来るのだが、どうしよう。この国際化の時代に困ったものである。

●認知的体験　01・10・9　海保

「夢で原稿完成、起きたらだめ」

うつらうつらの中で原稿が書けた。起きて書き出したらだめだった。というより、どうしても夢の内容が思い出せない。困った。

●認知的体験　03・1・15　海保

「去年のことの記憶」

研究科長を引き継いでいただいたきくち先生によく去年はどのようにやりました？と聞かれるが、ほとんど思い出せない。同じことを今年(今)もしていての去年のことの想起なら、状況依存の想起になるので、思い出せるのであろうが、今年と去年とがまったく状況が違ってしまっているので、想起できない。ごめん!!

1・9　頭のよさは遺伝的に決まっているのですか——遺伝・環境問題

頭のよし悪しだけでなく、心の働き全般にわたり「遺伝か環境か」は心理学の古くて新しい問題の一つです。と同時に、昔から世の中の強い関心を引きつづけてきている素朴心理学の問題の一つでもあります。だからこそ、この質問だと思います。

したがって、質問の「頭のよさ」についても、心理学の中にも世の中にもじつに豊富な知見が蓄積されています。しかしながら、遺伝か環境かの二者択一の質問に対して、どちらですとうっかり答えるわけにはいきません。なぜなら、この問題が持っている社会的なインパクトが大きすぎるからです。

「ある能力が遺伝に規定される」というと、それはただちに運命論的な対応につながります。つまり、知能が遺伝的に決まっているなら、知能の低い人はもはやそれを高める努力を放棄したほうがいいことになります。極端な話、知能の低い人への教育的な働きかけは無用となりかねません。こんな空恐ろしい話につながりかねない論争がかつてアメリカでありました。アメリカで人種差別をなくそうとする公民権運動がさかんだった一九六〇年代中頃に、黒人などの少数派と白人の知的能力の違いとその教育をめぐっての大論争です。

一九六五年、ジョンソン大統領のもとで、ヘッドスタート(head start)計画がはじまりました。少数派であるがゆえに幼少時に劣悪な教育環境にさらされていることが、その後の知的能力の陶冶に不利になっているとして、幼少時にさまざまな教育的刺激を与えようという計画です。なお、テレビ番組でおなじみの『セサミストリート』は、この計画の反省からはじまったものです。

結果的にはあまりうまくいかなかったこの計画に対して、A・ジェンセンは、知能の八〇%は遺伝によって規定されていること、黒人は機械的記憶と感覚運動的知能はすぐれているが、抽象的能力では白人に劣ると主張し、こうした知的能力の特性への配慮を欠いた補償教育は無効であるとの論陣を張りました。

しかし、ジェンセンの主張「知能の遺伝規定は八〇%」も、その数値の根拠はそれほど明確なものではありませんでした。そもそも算出のもとになる知能検査そのものが、白人に有利な問題からつくられている(検査の文化依存性問題)のではないかという議論からはじまって、遺伝規定性の計算方法への疑問など、じつにさまざまな研究上の疑問が提起されました。

残念なことに、それを科学的に決着をつけるパワーは心理学にはありません。というより、どんな科学にもありえないと言ってもいいかもしれません。

もう一つの大問題は、そもそもその研究がどんな意図を持っておこなわれたかということがあります。

A・ヒットラーが、ユダヤ人迫害の論拠に人種の優劣を持ち出して以来、こうした問題は、事の真実性よりも、その研究がどんな意図のもとにおこなわれるかに厳しい目が向けられるようになりました。いま話題になっている、クローン人間の問題と軌を一にする問題です。

科学は社会的な活動の一つに過ぎません。もろもろの社会的な活動から切り離された活動であってはなりませんから、なんでもどのようにでも研究できるわけではありません。その点を忘れてしまうと、とんでもないことが科学の名のもとにおこなわれてしまいます。

心の実験室「氏か育ちを考える」

次ページの表の左側に並べてある諸特性について、それが遺伝によるか、環境によるかを五段階で判断してみてください。（杉原一昭ら『筑波大学心理学研究』四巻より）

【解説】　日本人大学生五七九人の平均値は、つぎのようになっています。

(1)三・八(2)二・五(3)二・〇(4)二・八(5)四・〇(6)二・九(7)二・五(8)四・四

この値を図に入れて、あなたの判断と比較してみてください。ズレの大きい項目については、何がそのように判断させたのかにも思いをはせてみてください。素朴心理学の知識がどのようになっているかの一端がわかるはずです。なお、この平均値を高いものから順に並べてみると、日本人の遺伝観の特徴が見えてきます。同じ調査を台湾人におこなったものと比較すると、日本人のほうがすべての項目について環境重視の傾向がうかがえるそうです。

	1 ほとんど遺伝で決まる	2 どちらかといえば遺伝で決まる	3 どちらともいえない	4 どちらかといえば環境で決まる	5 ほとんど環境で決まる
(1)学校の成績					
(2)頭のよさ					
(3)背の高さ(身長)					
(4)100 m 走の速さ(走力)					
(5)新しい友人をすぐつくれる					
(6)すぐかっとなる(怒りっぽさ)					
(7)音楽の才能					
(8)非行や犯罪を犯す傾向					

1・10　占いが大好きなのですが、占いと心理学は関係があるのですか
――占いを信じる心理

この質問に対する回答は、やや複雑になります。“No, but, Yes.”だからです。

まず、「No」のほうから。

手相占い・星占いなど、占いにもいろいろあるようですが、どれも心理学とはまったく関係ありません。もしかすると心理学を装った占いがあるかもしれませんが、あえて心理学とは関係ない、と言い切っておきます。自分の未来を知りたいという気持ちはわかります。また、心理学がそのために役立つこともまちがいありませんが、心理学はサイエンスであって占いではありません。

ある心理的な特性を持った人なら、こんな職業につくとうまくやっていけそう、というような予測は、職業適性検査を使えばかなり高い精度でできます。あるいは心理学の知見から、たとえば情報が遮断された特別な環境におかれたときに、あなたがどんな振るまいをするかを予測することもできます。

未来を予測するという点では占いと同じですが、心理学はあくまで、一定の誤差を含んだ一般法則としての予測です。占いの予測が何にもとづいているかはわからないので、それがまちがっているとか無意味などと言うつもりはありませんが、少なくとも心理学とはまったく無縁であることだけは、くりかえし申し上げておきます。

さてつぎは、「Yes」つまり、占いと心理学とは関係ありの話です。

どういうことかというと、占いを求める人の心理、占いを信じる人の心理はどうなっているのかを知りたいというのは、まぎれもなく心理学のテーマになっているのです。どんなことが心理学の研究テーマになるかというと、大きくは三つあります。

一つは、なぜ人々は占いを求めるのかです。将来の不安や頼るもののない不安からの逃避と癒《いや》し、二者択一に追いこまれての迷いの払拭《ふっしょく》など、さまざまな要因を見つけ出し、それらがどのように関係しあっているか、いずれの要因が占いを求める気持ちや行動により強く関係しているかなどを知るための研究が考えられます。

二つは、占いを信じてしまうのはなぜかです。占い師側には相手(お客)に信じさせる「術」があるはずです。相手の気持ちのつかみ方から、占いの結果を説得的に伝える方法まで、そこにはいろいろの分野で応用のきく「術」があるはずです。それを発掘するのは、まぎれもなく社会心理学の研究テーマになります。
三つは、どんな人が占いを求めるかです。お客側にも占いを信じる心性があります。暗示を受けやすい心の状態になっていますし、神秘的な状況もそれに一役買っています。その心性や状況を明らかにするのも、社会心理学の研究テーマです。さらに、どんな人が占い師になるのかもテーマになるかもしれません。

心の談話室「占いは心のカウンセリング?」

占い師のつぎのセリフをよく吟味してみてください。

○「手相はその人の生き方を解くきっかけに過ぎないのよ。……(占い師というより)どちらかといえばセラピスト(心理療法家)ね。……常連さんになると、手相を見ないで話だけしていく人だっているんだから」(占い師・木下多恵子)

○「親友にも家族にも相談できない病気や恋愛のトラブルを、はじめて会ったばかりなのに、心を開いて話してくれる。そんな関係を大切にしながら、相談者の悩みを聞き、励ましている」(内藤友子)

○「目の前の「本人」に問題の所在を気づかせ、生きる方向性になんらかの意味を「い

っしょに」見いだしてあげることに終極の目的がある」(マーヤ・ラジャ)

【解説】 三つの言葉は、菊池聡ら編著『不思議現象 なぜ信じるのか』(北大路書房、6章 伊藤美奈子著「占い・新宗教がもつ現代的意味」)の孫引きのまた孫引き、つまり孫々引用です(情報化社会のいま、いつもいつも原典までさかのぼってというわけにはいきませんが、できるだけその努力はすべきです。昔は、原典チェックは研究者の大事なマナーの一つと教えられたものです)。

さて、このセリフを読むと、占い師が将来を占うというよりも、じつは心理カウンセリングをしていることに気がつきます。つまり、

1 相談者(クライアント)への共感
2 聞いてあげる(傾聴)ことによる悩みの自覚とカタルシス効果
3 自力解決の支援

となると、占い師は心理カウンセラーにとって商売がたきとなります。カウンセラーの力量がこんなところでも試されるかもしれません。

1・11　テレビや雑誌などで心理テストが大はやりのようですが、あれで心がほんとうにわかるのですか——心理テスト

テスト理論という心理学の研究領域があります。その理論にしたがって作成された心理テストなら、ある程度まで心を「ほんとうに」測ることができます。

テスト理論では、心理テストがその名に値するためには、その検査が使いやすいか(実用性)はもちろんですが、さらにつぎの二つの条件を満たしていることを要求します。

●測りたいものと測るもの(検査)とのあいだに、心理学的に妥当な関係を想定できること(妥当性)

「心の実験室」にしめしたのは、Y—G性格検査で「抑うつ傾向」を測るための検査項目です。抑うつ傾向とは、陰気、悲観的気分、罪悪感の強さを感じる傾向性です。

それぞれの質問で問うている内容は、「抑うつ傾向の高い人ならこんな項目に「はい」と答えるであろう」という「心理学的な常識や仮定」にもとづいて決められたものです。この常識や仮定がどこまで妥当かを問うのが、検査の妥当性です。別の言い方をするなら、妥当

性とはその検査が測ろうとしたものをほんとうに測っているかどうかということです。

心は目に見えません。性格にしても学力にしても、「これが性格です」「これが学力です」と言って見せられるものはありません。「もしこんな性格なら、こんな場面ではこんなふうに振るまうはず、答えるはず」という仮定をおいて、それを測り、そこから性格を推測するしかありません。こういう測定を間接測定と呼びます。心理測定はほとんどが、このタイプの測定になります。

心理検査をつくるときに、妥当性は一番やっかいな問題です。テスト理論では、検査の妥当性を保証するためにチェックすべきことがいくつか提案されています。たとえば検査による診断と専門家の診断が一致するか、あるいは検査から将来こうなると予測したことがそのとおりになるかどうか、などをチェックすることで、検査の妥当性を吟味します。

テレビや雑誌などでやられている「心理検査」では、妥当性チェックはまずおこなわれていませんから、「えー、こんな検査で心がわかるの?」という疑問は正しいと言えます。

●結果が安定していること(信頼性)

体重や温度などの物理的な計測でも同じことですが、測定器具を使って何かを測るときには、いつ測っても同じ値が出ることが必要です。これが検査の信頼性です。心理検査でも信頼性が求められます。テスト理論では、心理検査に独特の方法で信頼性が保証されているかどうかをチェックするようになっています。

たとえば、似たような項目をたくさん用意する(反復測定に対応)、同じ検査を十分に時間をおいて測っても同じ結果になるか、あるいは検査を半分ずつに分割して実施しても同じ結果が得られるかなどです。

妥当性と信頼性が保証されている検査なら、その検査がねらいとしている「心」がそれなりにわかることになります。

テレビや雑誌で遊び心でおこなわれる心理検査の多くは、なんといっても妥当性に問題ありです。したがって、心理検査というより「心理クイズ」の範疇《はんちゅう》に入るものと考えておいたほうが無難です。

それが人々の興味・関心を引くのは、自分ではなかなかわからない心の世界への洞察を深めるきっかけになるからではないかと思います。そのように考えれば、それなりに意味のあるクイズと言えます。おおいに楽しんで、ついでにそれをきっかけにして自分の心を見つめてみてください。

心の実験室「心理検査を受けてみる」

つぎの項目のそれぞれについて、自分にあてはまるときには「2」、あてはまらないときは「0」、わからないときは「1」と答えてみてください。

（　）好奇心旺盛なほうではない
（　）いつもさびしい
（　）自分は世の中にとって大切な人間ではない
（　）たまらなく不安になることがある
（　）内省することが多い
（　）失敗したことにこだわる
（　）いつも疲れを感じている
（　）考えこんでしまうことが多い
（　）いつも元気がない

【解説】　得点を合計した値があなたの抑うつ傾向得点となります。これをあらかじめ定められている集団の基準(ノルム)と比較して、診断結果(といっても、他の人と比較して高いか低いか程度ですが)を出します。なお、ここでは著作権保護のため表現を一部変更してあり、妥当性にも信頼性にも問題があるので、診断はしません。

抑うつ傾向は、Y―G性格検査の一二個の性格尺度のうちの一つです。

こうした項目について、自分で内省して答えさせるのが、質問紙による性格検査の特徴です。したがって、十分な内省のできない小学校低学年などでは、こうした検査は無理です。逆に、十分に鋭い内省力があれば、こんな検査をするまでもなく、自分の性格特性は知ることができるということにもなります。

なお、性格検査には、これ以外にも単純作業をさせてそこでの結果から性格の意志的な側面を調べる作業検査法と、あいまいな図形を解釈させてそこから性格や欲求の深層を探る投影法とがあります。

1・12 心理学を勉強すると、人の心が読めるようになりますか
――読心術

人間は社会的動物です。人との関係なくしては生きていけません。対人関係をよくするには、何はともあれ、相手のほんとうの考えや気持ちを知ることが大切になってきます。そのことの認識が、質問のように読心術への期待になるのだと思います。その読心術が心理学を勉強すればできるようになるかですが、それはもちろん、「はい」が答えです。心理学はそのために日夜努力を重ねているのですから。

では、相手の心や気持ちを私たちはどのように知ろうとしているのでしょうか。じつにいろいろの方法を縦横に駆使して、対人理解を試みています。その代表的な理解の方法を三つ紹介してみます。

●投影的理解

自分（I：主体的自己）で自分（Me：客観的自己）を理解するときの図式（I→Me）を、そのまま相手の心や気持ちの理解に使うのです。

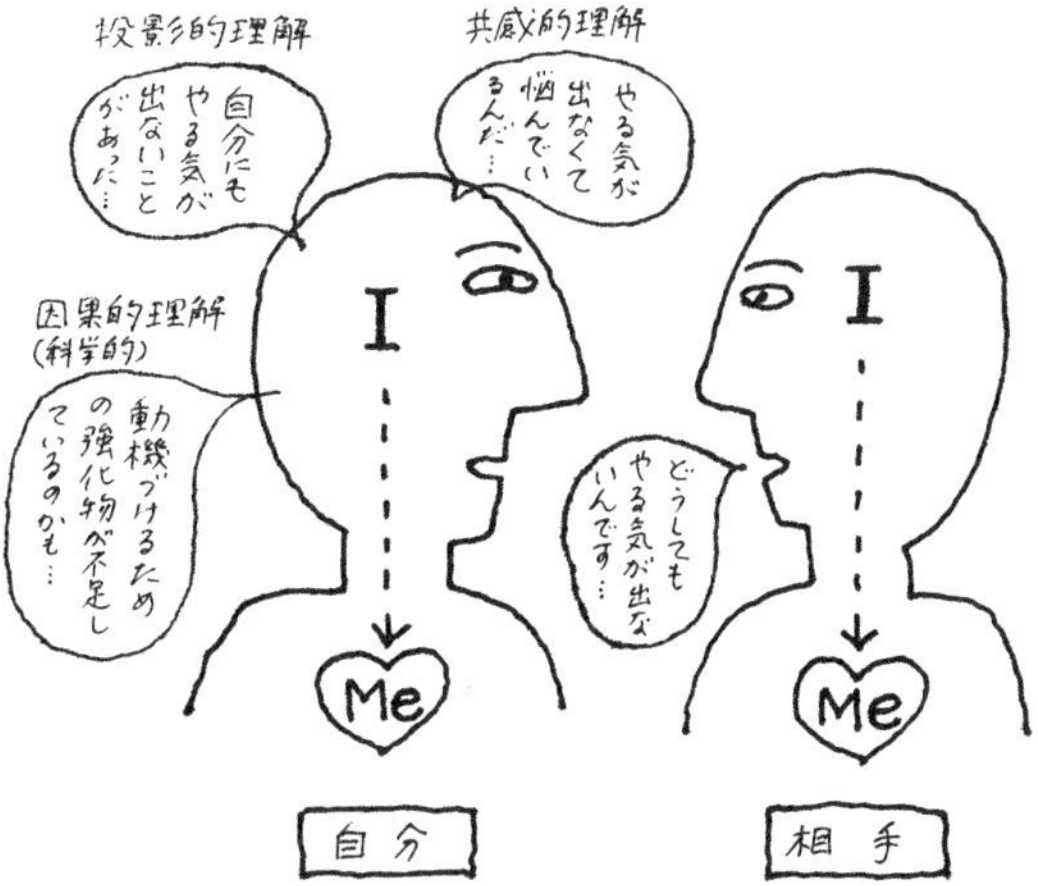
投影的理解
自分にもやる気が出ないことがあった…
共感的理解
やる気が出なくて悩んでいるんだ…
因果的理解
(科学的)
動機づけるための強化物が不足しているのかも…
どうしてもやる気が出ないんです…
I
Me
I
Me
自分
相手

3種類の対人理解のしかた

相手が自分と同じような心性を持っているときには、かなり精度の高い理解ができますが、たとえば親が子どもを、教師が児童を、日本人がアメリカ人を、さらには人間が動物をとなると、投影的な理解には限界があります。しかし、投影的な理解は対人理解においては最もよく使われます。

●共感的理解

投影的理解と似ていますが、相手の主体としての自己（I）に寄り添って、相手のIと自分のIとを重ね合わせることで、相手のMeを理解しようとします。

ややわかりにくい説明になりました。別の言い方をするなら、投影的理解が自分の「I→Me」図式を相手の心の理解に使うのに対して、共感的理解は相手の「I→Me」図式を使うのです。

これはかなり難しい理解のしかたですが、カウンセリングでは必須の理解のしかたになります。したがってそれなりの訓練が必要となります。ただ、きわめて親しい人、たとえば友人どうし、夫と妻などのあいだでの心や気持ちの理解では、ごく自然に使われています。というより、共感的理解ができているような関係でないとすると、何か問題があることになります。

●因果的(科学的)理解

ここでは心理学的な知識が役立ちます。もしあなたが対人理解についての社会心理学の知識を豊富に持っているなら、いまの相手の心や気持ちをもたらしている原因に思いをはせるはずです。そして、必要ならその原因を取り除いたり強化することで、相手のいまの心や気持ち(結果)を変えることを試みるはずです(2・7参照)。

この三つの理解のしかたが、ほんとうはうまく連携を保ってたがいの長短をいかし補っていくのが一番いいのですが、どういうわけか、人によって理解のしかたに好みがあるようです。それは、ときには相手への偏見を生んだり、浅い理解しかさせなかったりします。

1・13　心の働きは、脳の働きとしてすべて解明できるようになるのですか――心脳問題

いま、日本の科学政策の最先端研究の一つに脳研究があります。たとえば理化学研究所・脳科学総合センターが中心になって、脳を「知る」「守る」「創る」を基本テーマにして精力的な研究がおこなわれています。

また、ノーベル生理学医学賞を受賞した利根川進氏（ＭＩＴ）も、生化学的なアプローチにより脳の記憶機能の解明に乗り出しています。

それらの成果が期待されるところですが、どれほど目覚ましい成果があがったとしても、心の働きが脳の働きとして「すべてが」解明できるということにはなりません。これが質問に対する答えです。

どうしてでしょうか。それは単に研究上の限界からくるのではなく、心のすべてを脳に還元する（脳還元主義）ことはできないからです。

いまも昔も心脳研究の基本図式は、心理現象と脳機能との対応関係、つまり、ある心理現

象が発生しているときに脳のどの部位が働いているかを見つけるというものです。いわば、マッピング(mapping 地図づくり)研究です。「たとえば」といって事例をいくつかあげても、膨大なマッピングがすでにできあがっていますし、猛烈なスピードで研究が進んでいるので、ややむなしいのですが、それでも「そんなところまでわかっているの!」と思わせるものを、何冊かの本から拾ってあげてみます。

・何かをしようと意図したときは、前頭前野《ぜんとうぜんや》が活動している

・自分が何かをしても、あるいは他者が何かをするのを見ても、運動前野のニューロンが活動する(ミラーニューロンと呼ばれる)

・何かをしないではいられない症状に悩まされる強迫神経症では、大脳辺縁系《へんえんけい》が活動している

・いつどこで何をしたかを記憶(エピソード記憶)しているときは、海馬《かいば》が活動している

これらは一九世紀はじめ、F・ガルが提唱した骨相学の現代版です。頭骸骨の外形に精神の働きが反映されているはずと考えたのです。それが脳計測技術が進歩したいま、もっと脳の深奥に入りこんで吟味してみようというわけです。

なお、この脳計測技術ですが、かつては頭の外に電極をつけて脳の働きを脳波としてマク

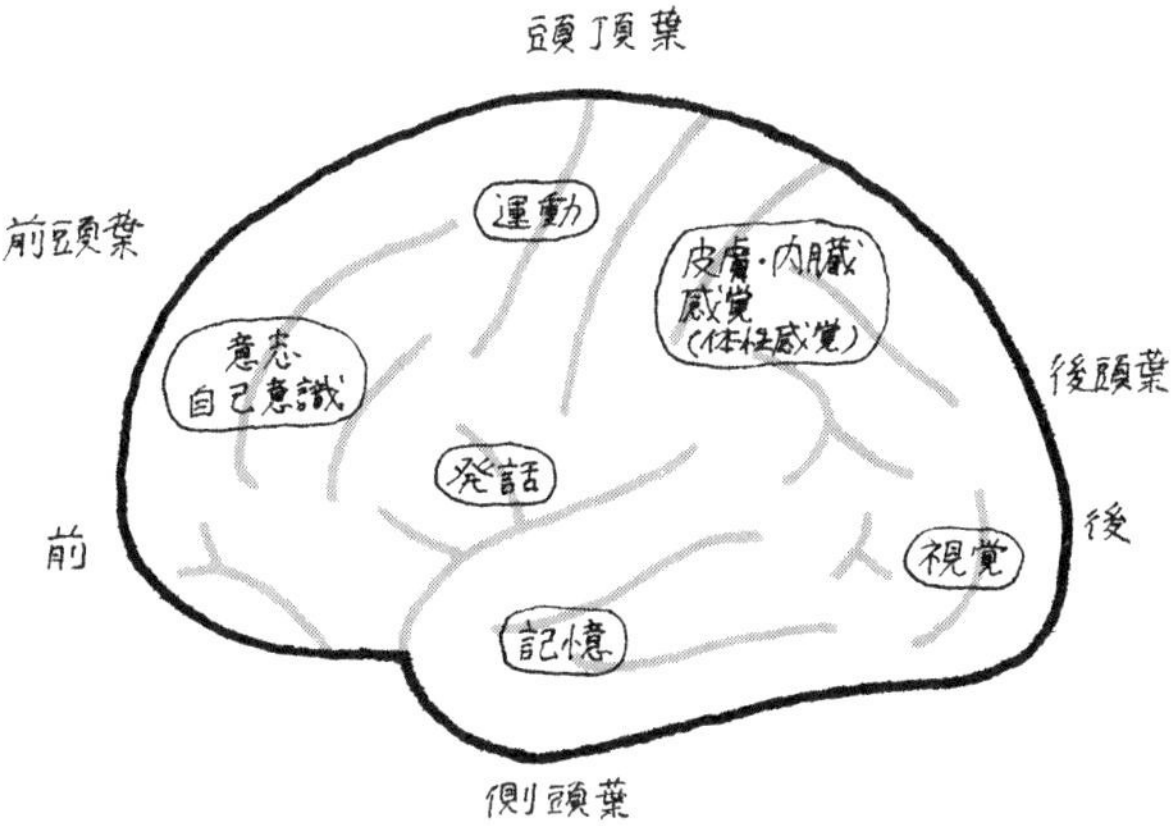

脳の機能の局在

ロに記録することしかできなかったのですが、機能的磁気共鳴映像装置（fMRI）が開発されることによって、外から脳を傷つけることなく（非侵襲《ひしんしゅう》で）脳のすべての部分が、しかも一秒間に四枚程度の画像として記録できるようになりました。この画期的な装置（ただし億円単位の値段）によって、脳のマッピング研究は飛躍的に進歩しました。

さて、心脳研究の主流であるこのマッピング研究ですが、「脳研究のほうからみれば」その意義、とりわけ医学的（治療的）な意義は十二分に認めるとしても、「心理学のほうからみる」とあまりに単純に事を眺めているように思えてなりません。「それで、心の何がわかったの？」という素朴な疑問を持ってしまいます。

脳がなければ心もありえません。脳は心を生み出す必要条件です。その意味では心を知る一つの有力なアプローチとして脳研究があるのはとうぜんです。「心理学としての脳研究」の意義ももちろん認めます。しかしながら、心の世界は複雑で豊潤《ほうじゅん》です。そこには「心理学的な」研究を待っている課題がまだまだたくさんあります。脳との対応あるいは脳への還元にばかり目を向けてしまうと、心の研究が貧弱になります。脳への関心が心理学的な思考を中止させて、それ以上、心の複雑さ・豊潤さに入りこまなくなってしまいます。

心には心なりの独自の世界があります。それを研究するのが心理学です。安易に心理学が脳研究に飛びつくのはいただけません。脳研究者が心理学に飛びついてくるような「心」の研究をするのが心理学研究者の使命です。

2部

心理学の研究はどのようにおこなわれているのか

本書のタイトル「心理学ってどんなもの」にまともに答えるのがここです。心理「学」はどのような考えのもとで心を研究しているのか(心理学方法論)、実際の研究現場では何がおこなわれているのかを中心に話を進めてみます。あわせて心理学の基本的な知見や最新の成果や内容もできるだけ紹介してみたいと思います。

2・1　心理学ではどんなテーマが研究されているのですか
――心理学の研究領域

　ここでは心理学の領域を概論書から鳥瞰《ちょうかん》してみます。大学の講義はもっぱらこうした概論書にもとづいておこなわれます。

　一方、研究室では、概論書にある整然とした知識とは無縁とさえ思えるような泥臭いテーマで実験や調査をしています。自分のおこなっているテーマや研究内容が概論書に紹介されることは、めったにありません。概論書には、学界での定説や検証ずみとされているデータしか掲載されないからです。

　大学の心理学教育では、三年生くらいになると概論書を離れて、実習という形でその泥臭い研究現場との接点が用意され、四年生では卒業論文でミニチュア研究をすることになります。そこではじめて学問的な知識の生産現場を体験することになりますし、概論書の知識までの距離の遠さを実感させられます。

　では、具体的にはどんなテーマで、その泥臭い研究はおこなわれているのでしょうか。これを紹介するのに格好の文書があります。

それは一年に一回開催される日本心理学会の大会発表論文集です。心理学の全領域の研究者が一堂に会して、一年間の成果を発表します。毎年一〇〇〇件を超える発表がなされるので、発表集も厚さが一〇〇〇ページを超えます。

全体は二〇分野くらいに分かれます。それぞれの分野について研究内容を一行で、さらに内容が推測できそうな発表タイトル二つを紹介します。ざっと眺めておいてください。どんなことが研究されているかの雰囲気をわかってもらえればと思います。

1　「原理・方法」……心理学の歴史、心理学の方法論、心理学のあるべき論の研究

・心理学的認識の基礎づけ

・明治の実験心理学史

2　「数理・統計」……データ処理上の問題、数学的なモデル構築上の諸問題などの研究

・項目反応モデルにおける部分得点への対応

・個人差を考慮した好み変化モデル

3　「生理」……脳などの生理的な機能と心の働きの関係についての研究

・フィードバック信号の情報価と事象関連電位

・覚醒水準による認知機能の変動

4　「行動」……動物行動の研究、人の身体の動きの特徴の研究

・野生ニホンザルの行動規制の研究

・マウスにおけるセルフコントロール選択

5　「感覚・知覚」……視聴覚などの感覚特性と知覚の特性の研究

・絵画における奥行き知覚

・景観知覚における視聴覚情報の相互作用

6　「認知」……高次の精神活動の研究

・まなざしから心を読む

・説明と理解における行為と発話に関する研究

7　「学習」……もっぱら動物を使った行動変容の研究

・条件性恐怖に対するモルヒネ反復投与の影響と文脈の役割

・ヒトにおける免疫機能の古典的条件づけ

8　「記憶」……覚えたり思い出したりする記憶の特徴の研究

・エモーショナルストレスが目撃証言におよぼす効果

・アルツハイマー病患者の行為事象記憶に関する研究

9 「思考・言語」……推論の特性や言語情報の処理の研究

・車の運転時の独り言の探索的検討

・フィードバックエラーが仮説検証方略の選択に与える影響

10 「人格」……性格の特性および行動との関係の研究

・ギャンブル愛好者の心理的特性

・セルフコントロール尺度の開発に関する研究

11 「情動・動機づけ」……喜怒哀楽、やる気の研究

・高齢者の日常活動の認知と幸福感を規定する要因の検討

・目標志向に影響をおよぼす自律性と知覚した教師の態度

12 「発達」……年齢にともなう心の変化の研究

・青年の親への態度・行動の発達的変化

・乳児の注意の共有における発達過程

13 「教育」……子どもの教育に関する心理学的研究

・テレビゲーム使用量と学校不適応の因果関係の検討

14　「社会・文化」……社会における人の行動の研究
・大学生の授業中の発言スタイル
・大学生の携帯電話コミュニケーション
・住まいに表出される住み手のパーソナリティについて
15　「臨床・障害」……心の悩みや心の障害のケアに関する研究
・特別養護老人ホームにおける集団回想法
・リハビリテーションを受ける患者の心理的考察
16　「犯罪・非行」……犯罪者や非行青少年の心と行動についての研究
・若年受刑者の犯歴についての研究
・青少年の不良行為・非社会的行為と対人的態度
17　「産業・交通」……産業や交通にかかわる心の研究
・職場不適応に関する検討
・医療従事者の職務エラーに関する研究
18　「スポーツ・健康」……スポーツや健康における心の研究
・競技事態における対処方略のストレス反応におよぼす影響

・大学生における攻撃性と健康状態の因果関係

これほど多岐にわたって研究がなされていることもあってか、まったく同じ研究がぶつかることはほとんどありません。長い年月でみると研究テーマにも流行がありますが、自然科学と違って最先端の研究テーマが設定されることもめったにありません。したがって、第一発見者を競うような研究環境がつくられることはまずありません。それぞれが一つのテーマを息長く研究するスタイルが多くなっています。

最後に余談。心理学の研究者があまりに何にでも関心を見せるので、「心理学はゴミ箱あさりばかりしている」と揶揄《やゆ》する人がいました。でも、「ゴミ箱にもダイヤモンドが捨ててあることもありますから」と反論したことがあります。どのテーマがゴミのままに終わるか、ダイヤモンドになるかは、研究者の力量しだいです。

2・2　人間には自由意志がありますから、被験者は心理実験や調査で嘘を言うこともできると思いますが、それでも科学的なデータは集められるのですか――自由意志

自由意志の問題は心理学にとって最もやっかいな問題の一つです。小さいところでは質問にあるように研究データを集めるところで、大きいところでは人間をどうみるか（人間観）で、自由意志が問われます。

まずは小さいところから。

たとえば心理実験の場面で、被験者（実験に協力してくれる人）は確かに実験者に「自由に」逆らうことができます。ほんとうは見えたものも見えないと報告する「自由」があります。

一九五〇年頃にさかんにおこなわれた力動的知覚と呼ばれる実験で、実際にこんなことが起こっているのではないかと疑われる現象がみられました。その実験では、口に出すことがはばかられる性的なタブー語を瞬間的に（一〇ミリ秒くらい）提示して、見えたか見えないか

を問います。被験者が見えなかったと報告するときでも、感情状態をとらえることのできる皮膚電気反射(GSR galvanic skin response)には、ほんとうは見えていることをうかがわせる反応が起こったのです。GSRとは、感情にともなって発生する、あの冷や汗のことです。嘘発見器の原理になっています。

被験者は、口に出すのが恥ずかしいので(防衛反応として)「嘘」をついているのではないかと疑われました。結局、無意識の世界で起こる心(見る)と身体(生理反応)の乖離《かいり》現象の一つということになり、自由意志による「嘘」ではないらしいということになりましたが、こんなところに自由意志の「心理実験上の」困った問題の一端をみることができます。

そこで、心理実験ではさまざまな工夫をすることで、自由意志の介入を防ぐ手だてをしてきました。たとえば、実験意図を察知されないようにすることです。察知されると、その意図に合うように「歪めて反応されてしまう」可能性があるからです。

もう一つ。これは倫理的にはやや問題があるのであまり推奨《すいしょう》はされませんが、「嘘の」実験目的を告げてから実験することもあります。社会心理学の実験などでは、実験目的からしてどうしてもそうせざるをえないことがしばしばあります。

あるいは、質問紙調査法では誰もが「はい」と答えるような項目、たとえば「あなたは嘘をついたことがありますか」「あなたは嫌いな人に出会ったことがありますか」といったような項目(虚偽《きょぎ》尺度と呼ばれています)をそれとなく入れておいて、他の質問にも嘘の回答をしていないかどうかのチェックをすることがあります。

最もよくやるのは、「できるだけ速く」「直感的に判断するように」指示することで、あれこれと考えられないような状況(自由意志の入りこめない状況)をつくることです。

どれもこれも完全な方策にはなりえないのですが、多くの被験者は、「嘘を言う権利?・を行使していない」との前提で、データ集めがされています。自然科学では考えられない苦労です。

さて、つぎは自由意志に関する大きいほうの問題です。

自由意志は「心理実験上は」やっかいものですが、人間観、心をどうみるかの問題としては、やっかいものなどと言ってはおれない最重要問題です。ただ心理学者のあいだでは、「人間は思っているほどには、自由意志によって自分の心や行動をコントロールはしていない」ということで了解しています。

たとえば、買物に行ってAというシャンプーを買ったとします。自分で買ったのだから、

人間性心理学と科学的心理学の比較

	人間性心理学	科学的心理学
人　間　観	未来志向 意味ある存在	過去志向 決定論的存在
方　法　論	了　解　的	因　果　的
理論の射程	人間固有	生き物共通
ね　ら　い	人生観構築	人間制御

それはあなたの自由意志だと言いたいかもしれません。しかし、その自由意志は何ものにも影響を受けない純粋無垢？なものと言い切れる自信はありますか。もしかしたら、夕べ見たテレビのCMが影響していませんか。あるいは店頭で目立った、容器がすてきだったなどが購入を促したようなことはありませんか。

こうしたことすべてを無視して「あなたの自由意志がAというシャンプーを買わせた」と言ってしまうと、それで話は終わりになってしまいます。思考停止が起こってしまいます。これでは心理学は人間の研究をすることができません。

人間の心や行動をサイエンスとしての心理学の研究対象とするかぎり、どうしても事を因果的にとらえることが必要となります。その心や行動を引き起こした原因はどこにあるのかを探るのが、研究の基本図式（パラダイム）なのです。因果論（2・7参照）には、したがって自由意志が入りこむ余地はありません。

ただ因果論は、自然科学的な説明の論理です。人間の見方としてそのまま持ってくると、それなりの（かなりの！）限界があります。

「人間には人間なりの生存原理、生きる意味があり、それを探るのが心理学である」とする人間性心理学に立脚する心理学研究者もいます。

Aというシャンプーを買った行為は、その人の生活の中で何を意味しているのかを問うのです。現在の心や行為を何かの原因があっての結果としてみるのではなく、未来に向けての意味のある活動として考えてみるのです。人間性心理学は現在の心理学界の主流ではありませんが、根強く活動しています。そして、ときおり気になる論議をあちこちで吹きかけて、サイエンスとしての心理学を活性化させてくれています。両者の違いを表にまとめておきました。

この幅の広さが心理学のおもしろさの一つでもあります。

2・3 人を使う研究ではしてはいけないことがあると思うのですが、どんなことに留意しながら研究をしているのですか——研究の倫理

心理研究者のモラル(倫理)以前に、およそ研究者なら守らなければならない常識に関してまず一言。

たとえば「社会、人をおとしめるおそれのある研究はしない(結果として、あるいは悪用されてそうなってしまうことがあり、かなり判断が難しいことがありますが)」「無断で他人の研究を使わない」「データを捏造《ねつぞう》しない」など。

ときどき研究者でもこうした常識違反をしてしまうこともありますが、「世間の人」が研究的な仕事をするときに、この研究者の常識に違反してしまうことがあります。たとえば、

・アイデアから論文のまとめまで人から多大の支援を受けながら、自分一人がしたかのようにして発表をしてしまう

・人の研究成果やアイデアを使いながら、引用文献をあげない

・たくさんの人に助けてもらったのに、謝辞も事後のお礼も言わない

最近では、学校で「総合的な学習」がはじまり、中高生でも「研究者的な」活動をするようになりました。こうした「研究者としての常識」を守る必要があります。

さて、人として、研究者としての常識を守っただけでは、「心理」の研究者は十分ではありません。研究対象が人であるだけに、さらに厳しいモラルコード(倫理規定)が必要となります。

研究者倫理としては大きく、「協力者(被験者)の尊重」「守秘義務」「協力者への恩恵(得られた成果を協力者に還元する)」の三つがあります(田島信元・西野泰広編著『発達研究の技法』福村出版)。

アメリカ心理学会は、もっと細かくつぎのような一〇の原則を定めています。その要点のみ記しておきます。

1　研究が倫理的に容認できるかどうか
2　被験者を危険にさらす度合いをあらかじめ検討する
3　共同研究者も同様の責任を負う
4　研究内容の説明責任
5　研究の必要上、隠蔽《いんぺい》やごまかしを使うときは十分に慎重であること

6　被験者はいつでも参加を断ることができる
7　被験者を危険な状態にさらさない
8　研究成果を被験者に知らせる
9　被験者に好ましくない影響を与えたときは、それを除去、矯正《きょうせい》する
10　被験者についての情報の守秘義務

二〇世紀初頭、行動主義心理学者J・ワトソンが、生後一一カ月のアルバート君を使って情動条件づけの実験をおこなったことがあります。白ネズミを見せては大音響を与えることをくりかえすと、やがて白ネズミを見ただけで恐怖反応を引き起こすというものです。もちろん、消去という手段で白ネズミに対する恐怖の条件づけは解除されてはいますが、現在のような厳しいモラルコードのもとではとてもできない研究です。

このように文章として明文化されると、モラルコードの遵守《じゅんしゅ》はごくあたりまえで、何をいまさらという感じがするかもしれません。しかし、実際には厳密にこれらのコードを守ろうとすると、いくつかの困難があります。

その一。心理実験や調査には被験者にとって不本意な時間的な拘束、さらには不本意な作

業がどうしても入ってきます。実験・調査への参加は任意、いやならやめられるとはいっても、それでは所定のデータを集めることはできません。

その二。心の中をのぞかれる不気味さがあります。何らかの形で心の中に踏みこまないと心理研究にはなりません。しかし、心は最もプライバシーが保護されなければならない領域なので、そこで抑制がかかってしまいます。

その三。被験者に過大な要求をしてしまいがちです。できそうにないことを被験者に要求すると、要求に応じられない被験者は落ちこみます。とりわけ子どもなどではその事後の影響が懸念されます。

被験者のこうした気持ちをしっかりと受けとめて、人間の心についての豊かな知見を蓄積しようと心理学者はがんばっています。ぜひ被験者を頼まれたら積極的に参加してみてください。きっとそこから教科書では学べない何かを学べるはずです。

2・4　心理学は、データにもとづいてものを言うということになっているそうですが、データとはどんなもので、また、どのようにして集めるのですか——心理データ

データにもとづいて理論をつくりだす科学を経験科学、論理を操って理論をつくりだす科学を形式科学に分けることがあります。自然科学や心理学は経験科学に、数学や論理学は形式科学に分類されています。

最近ではこの分類枠に加えて、経験科学と形式科学の中間に位置づけられる科学の分野が形成されつつあります。シミュレーション科学とでも呼ぶにふさわしい分野です。コンピューターの進化にともなって急速に形成されつつあります。

さて、経験科学に分類される心理学のデータの話です。まず、データの集め方から。いうまでもなく、人や動物から集めることになりますが、それには三つの方法があります。

一つは実験データです。実験室で人や動物に実験者の指示にしたがって何かをしてもらい、その計測値をデータとします。正解数や反応時間や特定の行為の生起回数などがデータにな

ります。

二つは調査データです。たくさんの人に質問をして、その回答数や回答パターンをデータとします。

三つは観察データです。人の行動を観察して、何が起こっているかを記述します。あらかじめ観察する項目を決めておいてチェックするようなデータから、観察者自身その現場に入りこんで質的なデータを集めるようなこともあります(参与観察)。

さらに、収集されたデータの性質を分類してみると、つぎのような分類枠があります。

●定性的(質的)か定量的(量的)か

言葉で表現されたものか、数値で表現されたものかです。実験データの多くは、反応時間などのように物理的な単位で測られる定量的なデータになります。ときには何かをさせているときに、頭に浮かぶことを口に出して言わせることがあります(プロトコル分析)。これは定性的データになります。

●確率的か確定的か

一つ一つのデータを確率的な実現値とみなすか、それぞれが意味を持ったものとみなすかです。一般法則を見つけ出そうとする研究においては、データ全体を偶然的に変動するものとして（確率的に）扱います。これに対して、一年一組の理科の成績は、その平均値も一つ一つのデータも一年一組固有のものです。変動はクラス内で意味のある個人差です。こうした意味でこのデータは確定的なものです。この極端な例が一人の個人について集められる事例データです。

データでものを言うとは、データによって仮説を検証するということになります。ただ、どんなデータでも、それだけで特定の仮説を完全に検証したことにはならないということは知っておく必要はあります。論文などでは「この結果は仮説を支持するものであった」という書き方がなされますが、じつはこれは仮説の正しさを保証する必要条件を一つだけ提出したに過ぎません。同じデータが別の仮説の正しさを保証することもありえますし、その仮説の正しさを保証する別のデータも存在するからです。

かくして、一つの仮説の正しさをめぐって研究は永遠につづくはずですが、現実には、仮説の成立する範囲や制約条件がだいたいわかってきたところで研究が収束します。もっとも、収束までの時間的な長さは、研究者個人で言うなら研究人生のすべてということもありますから、研究者にはいかに粘りあるいは執念が必要かがわかります。

2・5　データを統計処理するのが一般的とのことですが、そこではどんな考えでどんなことがなされているのですか――統計処理

統計処理をする前提に、まずデータそのものが統計処理に値するかどうかが問われます。統計処理をするデータは、まず「大量であること」が必要です。たくさんの人ということもありますが、かりに一人についてのデータであっても、何度も反復して測定してたくさんのデータがあれば、統計処理の対象になります。そして、それらのデータ値が「変動している」必要があります。すべてが同じ値では統計処理は不要です。

この二つの条件を満たすデータとしては、つぎのようなものがあります。

・一クラスの生徒の数学試験の成績
・三〇〇〇人程度を選んでおこなう世論調査の結果
・受講名簿から無作為(ランダム)に選んだ被験者二〇名を使った実験の結果

その統計処理には、大きく三つあります。

一つは、記述統計と呼ばれている処理です。データの散らばり(分布)の傾向を記述するた

めの指標の計算です。分布の代表的な値をしめす平均、平均のまわりの散らばりの程度をしめす標準偏差がよく指標として使われます。

たとえば、おなじみの偏差値(学校からは追放されてしまったので「おなじみ」ではないかもしれませんが)。一人一人の成績を、平均からの差をとり、標準偏差で割って、一〇倍してさらに五〇を足したものです。偏差値五〇がちょうど真ん中、偏差値六〇はそれ以上の上位に一六%の人がいることがすぐにわかる、すぐれた指標です。

二つめは、多変量解析と呼ばれている処理です。たとえば、二〇〇名の高校生の自己意識について調べたいとします。関連する五〇個の調査項目を用意して、それぞれについて自分に当てはまるかどうかの三段階評定をしてもらったとします。ある項目に3と答えた人は、別の項目には1と答える傾向があるかどうかなどをすべての項目対についてまず調べます。この項目間の関連度から、五〇項目間相互の関係を探り出し、その中で二〇〇名の高校生の自己意識を記述します。五〇項目それぞれについて記述するよりもシンプルに記述できるようにするのが、多変量解析のねらいです。ややわかりにくい説明になっていますが、心理学では多用される手法です。2・9に研究例を一つしめしたので参照してください。

三つめは、推測統計と呼ばれている処理です。データから、そのデータを生み出したもともとの仮想的なデータ集合(母集団)ではどうなっているのかを推論するための処理です。たとえば、三〇〇〇人のサンプルでおこなった世論調査のデータから、首相の支持率が六〇%と出たとします。それは日本の有権者全体(母集団)の支持率(母比率)ではありません。一定の誤差を含んだ母比率の推定値です。ただし、推測統計処理がおこなわれるデータは「大量」「変動」に加えてもう一つ、データが母集団から無作為に抽出されているという前提条件を満たす必要があります。

こうした統計処理が、なぜ心理学で使われるのか不思議に思われるかもしれません。それは、心理学で集めるデータの多くが「大量で」「変動していて」「変動が偶然」だからです。このままではどうにもなりません。サイエンスなら普遍性が求められます。統計処理が必要な一番の理由は、この普遍性志向です。「数学の成績はみんな違う」という記述をしても、あたりまえ過ぎてサイエンスにはなりません。「全体の中心(平均)はこのあたりで、それと比較して自分の成績はどれくらい」ということができれば、より普遍的な記述になり、サイエンスに近づいてきます。

さらに、「指導法の異なる二つのクラスの成績を比較したい」としたらどうなるでしょうか。二つのクラスの四〇個ずつのデータをずらっと並べても、どうやって比較したらいいか途方にくれてしまいます。それぞれのクラスの平均を計算すれば、一目瞭然で指導法の効果の優劣がわかります。このシンプルさこそ、サイエンスが求める普遍性志向にほかなりません。

なお、統計処理にもとづく心理学はいまの心理学の主流ではありますが、万能ではありません。質的分析にもとづく心理学も、定期的に雑誌を出したりしてしだいに力をつけつつあります。

心の実験室「統計処理を体験してみる」

1　つぎの二組のデータについて、その違いをできるだけたくさん指摘してください。

データセットA　6　2　9　8　1

データセットB　4　5　6　5　3

2　平均と標準偏差を、データAの計算方法にならってデータBについて計算して比較してください。

A　平均の計算（合計値をデータ数で割ったもの）

$6+2+9+8+1=26$　　$26\div5=5.2$（平均）

標準偏差の計算(平均からの差の二乗をデータ数で割ったものの平方根)

$\{(6-5.2)^2+(2-5.2)^2+(9-5.2)^2+(8-5.2)^2+(1-5.2)^2\}\div5\fallingdotseq10.2$

$\sqrt{10.2}\fallingdotseq3.2$(標準偏差)

B　平均＝

標準偏差＝

【解説】　データをどのように見るかは、そのデータが何から得られたもので、そこから何を知りたいかに依存します。たとえば、このデータが縄跳びの持続時間(分)のデータだとします。そして、クラス代表を三人決めるためのデータだったとしたらどうでしょうか。これなら最も単純な統計処理である順序化(大きい値の順に並べる)ですみます。

あるいは五人参加の縄跳びゲームの勝利チームを決めるためのデータだったらどうでしょうか。これなら、どちらの平均値(合計数でも勝ち負けは同じ)が大きいかで決めるでしょう。あるいは二人が五回投げて的に当てるゲームで得られた、的の中心からの距離のデータだとします。どちらに軍配をあげるかとなると、散らばりの指標である標準偏差の小さいほうを勝ちとするのがよさそうです。

2・6 心理学の研究では実験がおこなわれるとのことですが、なぜですか。また、心理実験とはどんなものですか——心理実験

心理学の研究をしている教官や大学院生の近辺にいくと、「被験者をしてくれませんか」と頼まれることが多くなります。ときには、心理学の授業への積極的関与の証《あか》しの一つとして、被験者体験を単位認定の一部として使うようなこともあります。それほど心理学では、人を使った実験や調査がごく日常的におこなわれています。それがどれほどのものか、二〇〇二年、心理学専攻生六〇人の学生の卒論で使われた被験者の延べ実数を紹介しておきます。

幼児一三六人、小学生一三一八人、中学生二一二七人、大学生一万九〇二人(!)、

成人五七六人

さて、心理実験ですが、実験室で被験者に何かをしてもらうことによって、そのときの心理過程を明らかにするためにおこなわれます。たとえば、

例1 まばたきの多少がその人への印象評価にどのような影響があるか

例2 バックグラウンドミュージック(BGM)は作業能率を高めるか

例3　意符（意味を表わす部首）の明確な漢字のほうが、意味理解が速いか

筆者のおこなった例3の実験について、もう少し詳しく説明してみます。まず、左の表のような三個一組の漢字のセット四種類を多数個用意します。

これらの漢字のセットを一セットずつ見せて、三つの漢字が同じ意味カテゴリーに属するかどうかをできるだけ速く判断してボタンを押すように指示します。もし部首に意味カテゴリーを指示する意符機能があるなら、「同じ部首―類似意味」の漢字セットに対する判断時間が最も速くなるはずとの仮説を検証しようとする実験です。被験者は大学生二〇名です。

結果は、仮説をあまり明確には支持するものではありませんでしたが、その理由の吟味がさらなる実験研究を生み出します。頭のトレーニングの意味もこめて、どうしてうまくいかなかったか考えてみてください。そんな吟味が好きなら、あなたは実験心理学の研究者の有力な卵といえます。

例3の実験で使う漢字の刺激のサンプル

		意味	
		類似	異なる
部首	同じ	河　池　湖	汗　法　派
		松　杉　桐	村　枝　枚
	異なる	豚　馬　牛	空　家　板
		腹　脳　足	道　石　光
期待される反応		⇩ はい	⇩ いいえ

心理実験も、実際の実験のやり方や結論の引き出し方には独特のものがありますが、基本的には物理や生物での実験と同じです。条件を統制して、吟味したい因果関係だけが浮き出るようにしたものです。

例3では、意符の有無が、実験者が制御する原因(独立変数)、「はい」と答えるまでの反応時間が、結果(従属変数)になります。

心理学を自然科学と同じような科学にしたい(しなければ)との先達の思いが、こうした心理実験の基本図式(パラダイム)を生み出しました。

もっとも、心理実験の元祖であるW・ブントがはじめてドイツのライプチヒ大学に心理実験室をつくった一八七九年頃の実験は、因果関係の吟味よりも従属変数(結果)である意識的な心理過程そのものを浮き上がらせるほうに重点がおかれていました。ブントは内観法と呼ばれる手法を考案して、徹底して「いま何がどのように見えているか」を内省させて報告させました。

これは因果関係を知るためではなく、心の動きを記述するための枠組づくりをねらいとしたものです。実験観察研究と呼ばれ、実験研究に先立っておこなわれます。なお観察研究には、このように実験室でおこなうときと、教室や作業現場などフィールド(現場)でおこなうときとがあります。

心理実験の基本図式は自然科学のそれと同じですが、人あるいは人の心理を対象にすることによる心理実験特有の問題がいくつかあります。

そもそも人を実験室にきてもらうこと自体、いったいなんの権利があってそんなことをするのかということがあります。

さらに何が何やらわけがわからないことを(実験意図を先に言うと歪んだ反応が出てしまう可能性があるので)長時間やらされるのは人道上からも問題があると言われると、なんとも言い訳ができません。

あくまでアカデミック・ボランティアとしてお願いしたいということになります。心理実験や調査の倫理規定が心理関係の学会では用意されています。2・3で述べたようなことに最大限の配慮をしながら実験に協力してもらうことになります。

さらにやっかいで重要なのは実験条件の統制です。

実験では、どうしても吟味したい因果関係だけが浮き出るように、それに影響すると思われる他の要因をできるだけ排除する必要があります。これが条件統制です。

真空状態のようなものをつくって実験をしたいのですが、それでは人は死んでしまいます。

たとえば、幼児期の体験が青年期の問題行動を起こすことを「実験的に」検証することはできません。しかし、この限界はときには実験結果を歪めたり、あいまいなものにしてしまうことがあります。

また、あまり条件統制を厳密にやろうとすると、見たい現象が現実生活の中で起こる現象とは違ってしまうことも起こりえます。これを生態学的妥当性のない実験と呼びます。実験室では確認できた現象でも、現実には起こらないということになりかねません。

そこそこの条件統制でそこそこの雑音の混入した実験事態で、心理実験はおこなわざるをえないことになります。これが心理学の実験研究のパワーを弱めていますが、いたしかたありません。

2・7　心理学では、因果関係を実証するために実験がおこなわれるとのことでしたが、因果関係について、もう少し詳しく説明してください

――因果関係

心がかかわることならずとも物事を因果的にとらえるのは、誰もがごく自然におこなっています。何かが起こったとき、「どうしてそんなことが起こったの?」との疑問を持つことがあるはずですが、それが因果的な説明の求めにほかなりません。たとえば、

・交通事故が起こった。飲酒運転だった
・雪が降った。寒波が襲来した
・殺人があった。怨恨《えんこん》が動機
・試験に合格した。努力したから

このような説明は、結果が起こった時点からさかのぼって原因を追究するので、事後的な因果説明になります。この説明がうまくできないとき(原因がみつからないとき)、「なぜ?」となるわけです。これが知的好奇心です。科学はこの知的好奇心を発想のバネにして研究を

してきました。「原因を求めて三千里」の旅に出て、最終的にはそれを実験で(データで)実証する営みを積み重ねてきました。

実験は、事後的な因果説明とは違って、原因(独立変数)をコントロールしてそれに応じて結果(従属変数)が変化するかどうかを検討しますから、順向的な因果説明となります。

話はかんたんなようですが、深くつきつめると意外にめんどうなことがいくつかあります。とりわけ、心がからんだ場合には、一筋縄ではいかないところがあります。「殺人があった。怨恨が動機」を例に考えてみます。

1　怨恨は、かならず殺人につながるのか——因果説明の蓋然《がいぜん》性

人に恨みを持っても誰もがいつでも殺人を犯すわけではありません。そこには蓋然性があります。恨みを持てば殺人を犯す「確率が高い」ということに過ぎません。怨恨を殺人にまで追いこんだ状況分析も欠かせません。ただ、状況のほうはあまりに複雑で、かりにはっきりしていても「そのときその場かぎり(アドホック)」で一般性がないので、無視されてしまうことが多いのです。

2　殺人にいたった怨恨をもたらしたさらなる原因は何か——因果説明の無限後退性

何かが起こったとき、それをもたらした直接の原因がまず注目されます。しかし、その

原因もじつはさらなる原因の結果でもあります。怨恨はそれ以前のいじめに端を発していて、そのいじめはそれ以前の金銭トラブルに端を発していて、というように、原因を探る旅には終わりがありません。とはいっても、現実的にはどこかで原因の追究を中止しなければなりません。そうかといって、あまり早くストップしてしまうと真の原因を見逃す危険性があります。「怨恨が動機」とする因果的説明には、さらにめんどうな問題がありますが、これについては次項目の動機論的説明のところでまとめて話をしてみます。

心の実験室「原因を考えてみよう」

つぎのようなことがあなたに起こったとします。その原因は何だと思いますか。一番ありそうな原因をそれぞれのケースで、四つの中から一つ選んでください。

			選択肢
ケース1	入学試験に合格した	↓	「運　努力　才能　状況」
ケース2	希望した高校に入れた	↓	「運　努力　才能　状況」
ケース3	自転車で転んで怪我した	↓	「運　努力　才能　状況」
ケース4	レギュラーに選ばれなかった	↓	「運　努力　才能　状況」

【解説】　心理学の研究テーマの一つに原因帰属研究というのがあります。自分に何かが起こったとき、その原因を何に帰属させるかを、いろいろのケースについて調べるものです。こうした帰属判断がごくふつうにやれるところに、人の因果認識がいかに心の中で自然におこなわれているかを、うかがい知ることができます。それはさておき、原因帰属研究によると、たとえばつぎのような二つのタイプの人間がいることがわかっています。

○ケース1と2のような成功体験(結果)だと自分の努力に、ケース3と4のような失敗体験だと運や状況に帰属させるハッピー人間

○逆に、ケース1と2では運や状況に、ケース3と4では才能に帰属させるアンハッピー人間

いつもアンハッピーな帰属ばかりしていると、無気力人間になってしまいます。そこで、原因帰属のしかたの変更を支援する帰属療法なる心理療法も開発されています。

2・8　心の働きがすべて因果的に決まってしまうというのは、なんとなく窮屈な感じがするのですが——目的的説明

因果的説明は原因が与えられれば結果は決まってしまいます。因果論は決定論ですから、窮屈《きゅうくつ》に感じるのはとうぜんです。しかし、日常的な説明とは違って、サイエンスとしての心理学における説明は他の自然科学と同じで、因果的な説明が基本ではあるべきだと思います。原因を操作する実験ができないときでも、モデル(理論)の世界では因果的に考えることが基本になっています。たとえば、

・幼児期の親の虐待(原因)が青年期の不安定な性格をつくりだした(結果)
・勉強のしかた(原因)はテストの成績に影響する(結果)
・強度のストレス(原因)が引き金になって統合失調症を発病した(結果)

いずれも、なじみのある説明です。この因果的説明をより強固なものにしたいという心理学研究者の強い思いが、実験や調査などを使った実証研究へと向かわせます。

しかしながら、人は物ではありません。目的をめざして努力する存在です。生き残るため

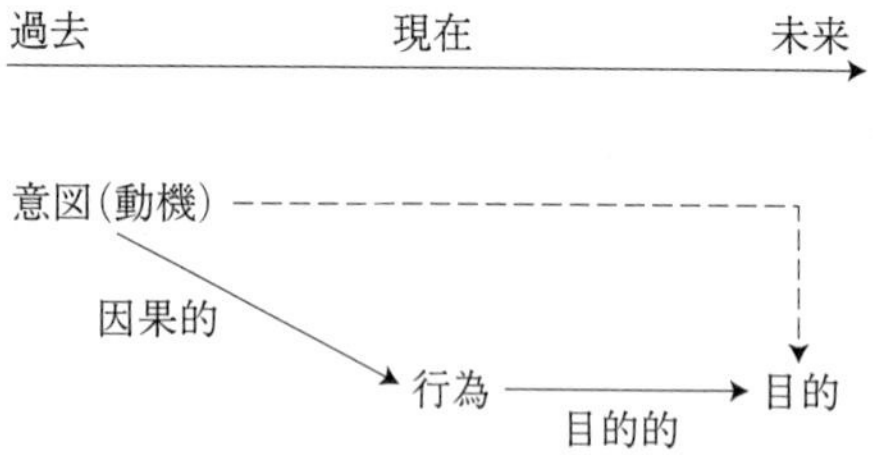

因果的説明と目的的説明

の戦略を駆使する存在でもあります。人にこんな特性があるのに、それを因果的枠組だけでとらえようとすれば無理が生じます。見えるものも見えなくなってしまう恐れがあります。心理学がつまらないものになってしまいます。というわけで、人の心や行動を説明するときには、因果的説明だけでなく、目的的説明もなされることになります。たとえば、

・幼児がかわいいのは、親から愛情を引き出す(目的)ためである

・人を助けるのは、人としての種の存続をはかる(目的)ためである

こうした説明はとくに進化論的説明と呼ばれています。いま、進化心理学がはやりだしているので、このたぐいの説明があちこちでおこなわれるようになると思います。ただし、サイエンスとしての心理学の説明としては用心深く使う必要はあります。

どんなときに目的的説明が使われるかというと、科学的な人間研究の背景になる人間観を

問題とするとき、あるいはそれに派生するグランドセオリー(研究者をガイドする大きな思考の枠組)をつくりだすときです。

なお、目的的説明は科学的説明としては「用心深く使う」といいましたが、その理由の一つには、目的的説明には「オールマイティ(almighty)説明(なんでも説明できる)」になりがちということがあります。これについては後述する動機論的説明のところでさらに考えてみます。

もう一つの理由としては、目的的説明の妥当性を実証できないことがあります。説明の妥当性を補強する「証拠」をあげることはできますが、それは研究者が積極的にデータを「つくりだす」実証とは異なります。したがって、都合のいい証拠だけしかあげられないことが多くなります。そもそも反証可能な形で仮説が提出されないことが多いのです。目的的説明はこの両面性、つまり「わかるけど嘘っぽい」というのが特徴です。

なお、つぎのような説明は、見かけは目的的説明のようですが、じつは心の内面を考えれば因果的です。心理学ではこのタイプの「目的的な」説明が多くなります。

・ペットを買った(結果)のは、生活を楽しむためである(目的)

・殺人を犯した(結果)のは、お金を取るためである(目的)

つまり、生活を楽しもうという目的(意図)を心の中に持ったことが原因になって、ペットを買うという結果が起こった、と考えればいいのです。目的そのものは時間的に後にきますが、目的を「意図した」のは行為の前で、しかもそれが行為に影響しているのですから、まぎれもなく因果的です。

心理学では行為の意図を動機と呼ぶところから、これはとくに動機論的説明と呼びます。犯罪調査において犯罪の動機解明が必須なのも、動機が原因となって犯罪が発生したという因果的説明をしなければ、裁判にならないからです。

この動機論的な説明にも、じつはやっかいな問題が隠されています。したがって科学的な説明としては際物《きわもの》です。

一つは、目的や意図という心の世界が、行為という物理的な世界を規定するとする前提への疑問です。

私たちの日常的な感覚としては、心身症(心が原因で起こる身体症状)を持ち出すまでもなく、心が身体や行動に因果的に影響していることは十分に実感しています。それが動機論的説明を許容する一つの根拠になっていますが、つきつめて考えると、完全には納得できないところもあります。動機と行為とのあいだは思った以上に距離があるからです。殺したい（動機）と思っても、実際に殺す（行為）までにはたいへんな距離があります。

動機論的説明の際物性その二は、安易に動機を説明に使うと、「そうしたいから（意図）、そうした（結果）」というオールマイティな説明、つまり「全知全能の神がそうさせた」と同じ説明になってしまいがちなところです。「なんでも説明するものは、何も説明していないと同じ」なのです。試しにあなたの行為を動機論的に説明してみてください。見事に説明ができてしまうはずです。実際に心理学の歴史の中でも、本能論という形でこのたぐいの説明が使われたことがあります。ある行為が起こったとき、それはそうしたいという本能があったからだというのです。

行動主義心理学は、こうした際物性を避けるために、操作可能な刺激と外的に観察可能な行動との関係の世界にだけ因果的説明を限定しました。結果として「心のない」心理学をつくりあげてしまったのですが、科学論としてはじつにすっきりしたものになっています。

動機論的説明のもう一つの問題は、動機を行為の原因となりうることを認めたとしても、後づけ説明、俗にいう結果論の誤りをもたらしがちなことです。後づけ説明とは、事が起こってから、その原因を推測して因果的な説明を組み立てるものです。事故や紛争などのような社会的・歴史的な事象のほとんどは、このタイプの説明になります。

動機論的説明では、人の行為が起こったあとで、それはどんな動機で起こったのかを探ることになります。まさに後づけ説明をすることになります。後づけ説明には、事故調査のように因果的関係が物的な証拠として存在するところでさえ、説明の誤りリスクがあることが知られています。これに加えて、動機論的説明では動機と行為とのあいだをつなぐ糸が細く長いために、さらに誤りリスクを高めることになります。

また、野球解説者が、三振したプレーを「ホームランをねらいすぎましたね」ともっともらしく解説するようなことがよくあります。この解説(説明)がほんとうに正しいかは、打者に聞いてみないとわかりません。でもかつての名選手、名監督が言うのだからそうかもしれないと思わせてしまうところに、後づけ説明のもう一つの危うさがあります。

2・9　心理学では、実験以外にアンケート調査もよくおこなわれるようですが、実験法とはどんな違いがあるのですか——調査法

心理学の研究法は大きく三つに分類されます。一つがすでに説明した実験法、二つが心理学で多用されている調査法、三つが観察法です。

さて、調査法ですが、これはあらかじめ用意したたくさんの質問項目に対して、多数の被験者に答えてもらい、それを統計処理して被験者群の心や行動の実態を解明したり、仮説の検証をしようとするものです。

この調査法も、さらに二つに分けられます。一つが実態調査をねらいとした調査法で、いわゆるアンケート調査と呼ばれているものです。一つ一つの項目について、被験者群の何%の人が、たとえば「はい」と答えるかをみるものです。項目はつぎのようなものです。

・悩みをまっさきに相談する人は、つぎの誰ですか
・心理学を勉強してみたいと思いますか
・カウンセラーに相談してみたい気持ちになったことがありますか

もう一つは、仮説探索・仮説検証をねらいとした調査法で、心理学における調査法はこちらのほうが多くなります。質問紙調査法と呼ばれます。複数の項目への回答の関連に着目するところから、相関研究のための質問紙調査法とも呼ばれます。たとえば、手元に届いた最新の学会機関誌『心理学研究』に掲載されている論文八編のうち、このタイプの論文は二本あります。タイトルをとりあえずあげてみます。

・配偶者喪失後における過去への肯定的・否定的評価と精神的健康との関係
・夫・子どもとの関係、対人態度が母親としての成長におよぼす影響

質問紙調査法は、発達心理学、教育心理学、社会心理学、カウンセリング心理学では最も多く用いられる手法です。

なぜかというと、一つには実験ができないことが多いからです。ほんとうなら実験をして確かめたいことであっても、人を被験者にしての実験は倫理的にも現実的にも不可能なため、質問紙に頼ることになります。たとえば、夫・子どもとの関係と対人態度をいろいろに変えて母親の成長がどのように変わるかを実験的に吟味することは不可能です。

質問紙調査法が多用されるもっと積極的な理由もあります。それは、「人は小学校高学年くらいからなら誰でもそれなりに「心理学者」である」ということを前提に、質問を手がか

りに自分の心や行動を自己観察(内省)してもらい、それをデータとして分析すれば、実験法よりはずっと豊かな心理学をつくりだせるのではないかという理由です。このあたりは心理学独特の研究方法といえます。自然科学では研究対象となる「物」に語らせることはありえませんから。

ただ基本的なところで大問題が一つあります。それは得られるデータが自己観察力(内省力)のおよぶ範囲に限定されてしまうことです。へたをすると、素人心理学者が知っている「心理学」の域を出られない、ごくあたりまえの心理学しか生み出さないことになってしまう恐れがあることです。

ときおり、そんなことは、別に心理学を持ち出さなくても知っている(わかっている)というようなことを、学識経験者として心理学研究者がテレビなどで解説していることがありますが、このあたりにもその理由の一端があります。

心の実験室「質問紙調査法の被験者になってみる」

つぎの質問に、自分に非常に当てはまるときは「5」、まったく当てはまらないときは「1」の五段階で答えてください。「　」内は、とりあえずは無視してください。

（　）自分の長所と短所を理解する（「自己評価に対する効力感」）

（　）自分の学校の卒業生の就職先について調べる（「職業情報の収集に対する効力感」）

（　）仕事にいかせることなら何でも学ぶつもりだ（「自己向上志向動機」）

（　）地位や名誉をもたらす職業につきたい（「上位志向動機」）

（　）職場では一生つきあえる友人をつくりたい（「対人志向動機」）

（　）当分のあいだは職業決定するのを避けたい（「職業未決定」）

【解説】　短期大学生が将来つきたい職業を決めないのはなぜかを調べようとした研究です。短

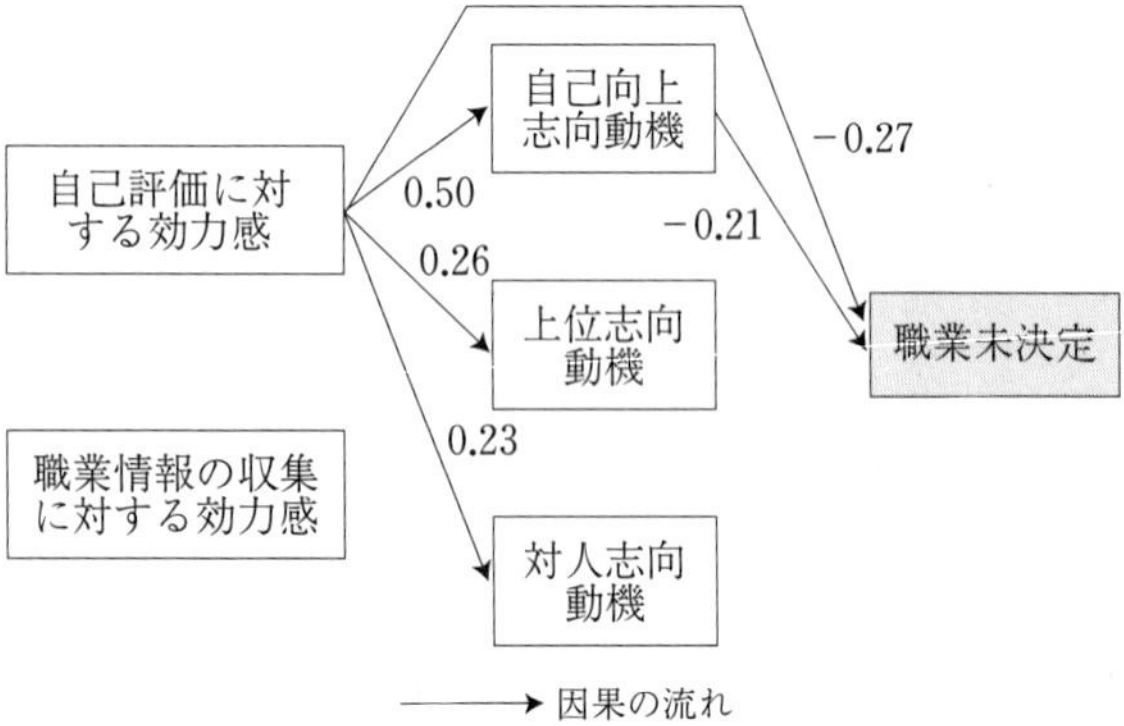

注）数値は因果関係の強さをしめす

期大学生四三一名に、「　」内に記したような概念を測るのにふさわしい複数個の項目(右にしめしたのは、それぞれの概念の典型的な項目一つずつ)合計六一個に答えてもらいます。これを因子分析、パス解析という多変量解析の手法を使って解析すると、最終的に図のような因果関係がわかってきます。

この結果から、「自己評価に対する効力感」と「自己向上志向動機」が低いほど(これらが「原因」になります)、職業を決めたがらない傾向(最後の項目で5に近い答えをする傾向。これが「結果」になります)があることがわかります。さらに「自己評価に対する効力感」は、三つの動機を高める原因となっていることもわかります。(安達智子『心理学研究』二〇〇一年七二巻より)

2・10 人は一人一人違うはずですが、どんな人にも共通する普遍的な法則はあるのですか——個人差問題

確かに人は一人一人違います。同じ条件のもとで実験や調査をしても、一人一人が別々の値をしめすのがふつうです。個人によるこうしたデータの散らばりをどうするかについては、三つの異なる立場があります。

●一人だけを徹底的に

その人個人の中に普遍的な法則を見つけようするものです。臨床心理学における事例研究がこの典型です。神経症や精神病、さまざまな心の病の治療をしようとすると、その人がどこをどのように病み、どうすれば治せるかを考えなければなりません。医師と同じような立場で、その人の心を徹底的に研究することになります。

●一人一人の違いを記述する

臨床心理学や教育心理学の研究に多いのですが、個人差を意味のある違いと考えて、その差のありようをきちんと記述・診断し、さらにその差が出てきた由来まで考えるという立場

です。

たとえば各種の心理検査を使うような研究がこれになります。知能指数が一一〇だとか、神経質傾向が5(かなり高い)といった形で、その人の心の特性を記述します。これが個人間の「違い」の普遍的な法則を探る、個人差心理学になります。

ここでは、個人差の型(類型、タイプ)を記述することが一つの課題になります。

たとえば、性格のタイプ記述なら、最近ではつぎの五因子モデルがよく知られています。因子とは、性格を類型化するときの視点のようなものです。

・「外向性　対　内向性」因子(次行の特性記述語は、因子の前者に対応。以下同じ)
　動くのが好き　支配的　人といるのが好き　にぎやか好き　派手

・「愛着性　対　分離性」因子
　友好的　寛容　協調的　気配り　善意　正直　共感的　思いやり　尊敬　親切

・「統制性　対　非統制性」因子
　清潔　几帳面　まじめ　努力　責任感　仕事に良心的　自己コントロール　熟慮的
　計画的

・「情動性　対　非情動性」因子

傷つきやすい　心配　緊張　くつろげない　憂慮　むなしい　みじめ　無力　興奮
気分がかわりやすい
・「遊戯性　対　現実性」因子
好奇心旺盛　新しがりや　空想的　美的　感動しやすい　感じを大切に　洒落っけ
風変わり

（辻平治郎編『5因子性格検査の理論と実際』北大路書房を参考）

あるいは、知能のタイプ記述なら最近では、H・ガードナーの多重知能論があります。知能は相互に比較的独立したつぎの七つからなっているとする理論です。

「言語」（弁護士、作家）、「論理」（科学者）、「内省」（宗教家）、
「音楽」（音楽家）、「運動」（スポーツ選手）、「対人関係」（商売人）、
「空間」（パイロット、建築家）

それぞれの個人はいずれかの要素においてすぐれていて、かっこにしめすようなそれにふさわしい職業が用意されているとする理論です。

個人差心理学のもう一つの課題は、個人差を記述・測定するための検査、尺度をつくることです。これには、たくさんの質問に答えさせるような質問紙検査や、問題が解けるか解け

ないかをみる、おなじみの能力検査とがあります。

●一人一人の違いを無視する

一人一人の違いをどうするかに関する三つめの立場が、実験心理学などで採用されている、いわば平均値心理学です。

一人一人の違いを、偶然の誤差(確率的な違い)と考えて、その代表的な値(たとえば平均値)に着目して、心の普遍的な性質を考えてみようとするものです。ここでは、個人の違いはたまたま見られたもので、とくに意味はないと考えます。「そんな乱暴な」と思われるかもしれませんが、現在の心理学研究の中では最も一般的なものです。

たとえば、「意味を考えながら覚えた単語は、ただ読むだけの単語より記憶がよい」という仮説を確かめたいとします。その実験は次ページの図にしめすような流れでおこなわれます。

最終段階で二〇人それぞれが覚えている単語を思い出せた(再生)数の平均値を比較して、両群で「統計的に」差があれば仮説が検証できたことになります。

この「統計的に」がくせものなのです。別の被験者と別の単語を使って、同じような実験を一〇〇回やったとすると(誰も実際にはそんなことはしません。あくまで「かりに」の話です）、そのうち九五回以上は同じ結果が出るはず、というのが「統計的に有意差あり（p＜0.05）」の意味なのです。

釈然としないかもしれませんが、実験室でおこなう実験事態のように、心や行動の領域を狭く限定すると、こういう前提がそれなりに妥当なのです。

ただし、この平均値ベースの心理学には注意すべきことがあります。それについてはつぎの「心の談話室」でとりあげてみます。

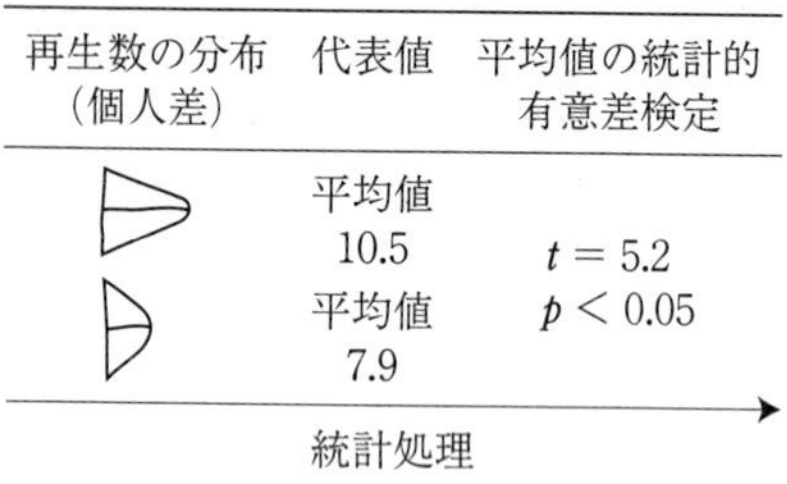

の流れ

心の談話室「個人を無視した平均は差別を生む」

平均値をとるときは、データ間にばらつきがあるときです。ですから、平均値にはかならず分散、あるいは分散の平方根である標準偏差を付記します（2・5参照）。

さて、いま男女間でリーダーシップ能力の高低を比較するために、大学生男女それぞれ六〇名にリーダーシップ検査を実施した結果がつぎのグラフのようになったとします。

被験者	20 個の単語	想　起
実験群 20 人	意味を考えて覚える	再生(単語を思い出してもらう)
統制群 20 人	読むだけで覚える	再　生

実　験 →

記憶実験と統計処理

統計的検定にかけると、男女の「平均値」間には統計的に一％水準で有意な差が検出できました。これで「リーダーシップに関して、女性は男性より劣る」という、普遍的な法則につながることが期待される、一つの証拠がしめされたことになります。

なお、こうした実験や調査の結果が一回だけ報告されても、それはただちに普遍的な法則になるわけではありません。何回かの追試や、いろいろの条件たとえば被験者群を成人にしてみる、別の検査を使ってみるなど、さらなる実験、調査を積み上げなければなりません。

これはこれで研究方法論の上では問題はない(としている)のですが、ただこうした研究の結果の活用にあたっての社会的なインパクトについては、おおいに慎重であるべきだと思います。

たとえば入社面接で、男女のいずれかを採用したいとき、

「女性はリーダーシップがとれないから、男性を採用しよう」となってしまったら、どうでしょうか。

図のグラフの散らばりをみてください。女性でも男性の平均を上回っている人が六〇人中二一人もいます。いま、目の前にいる一人の女性がそのうちの一人である可能性に思いをはせなくていいのでしょうか。思いがおよばなかったことの累積がますますこの差を強固なものにしてしまうこともありえます。ここに「平均値」心理学のこわさがあります。ジェンダー(社会的性差)心理学や、心の文化差を研究する文化心理学の危うさが、こんなところにあります。

ここでの話は大きくは、普遍と個の問題です。これについてはきわめて難しくめんどうなことが隠されていることを知る必要があります。

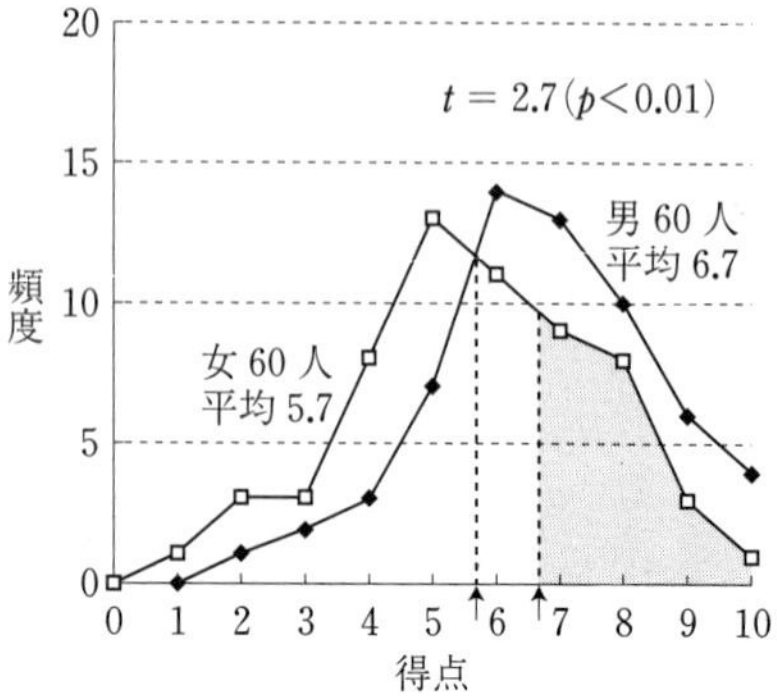

2・11　心理学において、野生児のような特殊な事例はどのように位置づけられているのですか——特殊事例研究

野生児とは、生後まもなく何らかの理由で人間的な環境を剝奪《はくだつ》されたまま成長した子どものことです。世界で三〇例くらい報告されています。人が育つためには人間的な環境がいかに大切かをしめす事例として、心理学でも貴重なデータとしてよく引用されます。こうした特殊事例研究は、統計処理をおこなう研究法の対極に位置づけられます。心理学では統計処理にもとづく研究が主流ですが、こうした特殊な事例の研究も決して否定されているわけではありません。

たとえば、最近、吉村浩一氏らは『特殊事例がひらく心の世界』(ナカニシヤ出版)という本を出版しています。その目次の一部をあげておきます。野生児以外にどんな特殊事例があるかをうかがい知ることができます。

「超人的な記憶力の持ち主」　「自らが語る自閉症の世界」
「チンパンジーに言語を教える」「逆さに見える世界への知覚順応」

「心の病かパーソナリティか」「多重人格」では、こうした特殊事例は、心理学の中でどのような意味を持っているのでしょうか。

一つには、人あるいは心をみる基本的で根源的なテーマへのヒントを提供してくれる意味があります。

「記憶とはいったいどういう意味があるのか」「周囲の人々と交流することによって人は何を得ているのか」「言語習得とは何をどのように学ぶことなのか」「外界を認識するとはどういうことか」「心を病むとはどういうことなのか」「人格と何か」といったような基本的なことは、あまりにわかりきったことであると思いこんでいるのか、それとも手に余るビッグテーマとあきらめているのか、あらためて問い直すことをせずに、日々の「たこつぼ的な」研究をしているようなところがあります。しかし、こうした特殊事例を見せつけられることによって、根源的なテーマあるいはビッグテーマについての研究心があらためて刺激されます。

二つには、特殊事例には、ふつうの人がふつうに持っているがゆえに見逃されてきた心の機能が突出して出現しているとみることができます。

超人的な記憶力の持ち主が何をどのように記憶しているかがわかれば、その中にはふつうの人でも使える記憶方略があるかもしれません。あるいは自閉症者の語りの中に、家族や周囲とのよりよいかかわり方のヒントが得られるかもしれません。いわば特殊の中に普遍をみるわけです。医学で言うなら、病気を調べることでその器官の働きがわかってくるようなものです。

三つには、心理学の伝道師としての意味です。

授業をするときなどにこうした特殊事例をまず紹介すると、学生の興味・関心を引きつけることができます。人は自分とははなはだしく違った存在には注意を向けるからです。

心の実験室「円周率を四万桁記憶してしまう！」

つぎの円周率をどこまで記憶できるか挑戦してみよう。

3.14159265358979 32……

【解説】　友寄英哲氏は、円周率を四万桁まで記憶してギネスブックに登録された人としてよく知られている記憶術者です。本職はサラリーマンですが。

その記憶術の骨子は、数字を二個ずつに区切り、それに音の類似した具体名詞を結びつけます。ついで、それをつぎつぎに文にして場面をイメージ化しながら、つないでい

きます。たとえば、

「14」「15」　「石」を使って「イナゴ」を砕く

「15」「92」　「イナゴ」を「靴」に入れる

「92」「65」　「靴」で「婿」を殴る

「65」「35」　「婿」が「サンゴ」の上に乗る

これを延々とつづけると、最後は四万桁の記憶ができるというわけです。友寄氏のなみなみならぬ苦労を綴った本(『すーぱー記憶術』読売新聞社)もあります。これができるようになるためには、〇〇から九九までの数字に具体物を割りつける記憶表が必要となります。「〇〇ならおわん」「四二なら死人」「九九なら救急車」というように。記憶術を使うために記憶表を記憶をしなければならないのも、おかしなものです。

なお、歴史の年号を覚えたりするときに使う「ごろ合わせ」も、意味のない数字列に無理に意味を付与して記憶させようというのですから、その点ではこれと同根です。

記憶術には、私たちが効率よく記憶するためのノウハウがありますが、記憶術そのものは知的大道芸に過ぎません。記憶の王道は、意味づけしながら覚えるための良質な知識を豊潤にすることです。

2・12 社会の授業でフロイトの話を聞きました。非常におもしろかったのですが、先生はこれは「心理学ではなく一つの思想」だと言われました。どういうことでしょうか——精神分析

精神分析の評価はたいへん難しいものがあります。二〇世紀初頭に、S・フロイト(一八五六〜一九三九)が精神分析の理論を提唱したときもそうですが、いまでもその評価は割れています。

かつてアメリカの心理学者一〇〇名に、心理学史上最も影響のあった著作を問うたところ、フロイトの著作がだんぜんトップになりました。かといって、精神分析がいまの心理学界に「正統なものとして」受け入れられているわけではありません。心理学会での発表も皆無です。しかし、二一〇〇名を擁する「日本精神分析学会」がありますから、心理学としての評価とはまた違った評価もあるはずです。

というわけで、精神分析全体の包括的な評価となると手に余るので、ここでは「科学としての心理学」の立場からという限定をして、フロイトの精神分析の評価をしてみます。

精神分析の考え方の基本は、自然科学の基本である、因果律にしたがって人の心にかかわる現象を説明しようとするところにあります。この点で精神分析はきわめて「科学的」と言えます。フロイトは医者ですから、因果思考の訓練は十分に受けていたはずですから、とうぜんかもしれません。

さまざまな心的事象の原因として措定するのは、無意識の世界にためこまれる、乳幼児期における欲求不満や心的なショック体験(精神的外傷、trauma)によってつくりだされる抑圧されたエネルギー(リピドー)です。それが青年期になって、神経症などの情緒的な不適応行動を引き起こします。これが結果になります。

さて、因果律にしたがったモデル構築は問題ないのですが、つぎのような点はおおいに問題とされます。

一つは、原因と結果とのあいだの時間的な関係にかかわる問題です。

フロイトは、乳幼児期の精神的外傷を原因として重視します。それが長い潜伏期間を経て、青年期にいろいろの悪さを引き起こすと考えます。しかし、それほどの長いあいだ原因としての力を保持しつづけることが、いかに心の世界とはいえ、ありうるのでしょうか。ある原因がつぎの結果を引き起こし、それが原因となってつぎの結果を引き起こし、……というような因果の連鎖を仮定するほうが自然です。その連鎖が人によって異なるからこそ、同じ精神的外傷を受けても、ある人は神経症になり、ある人はふつうに適応しているのではないでしょうか。そう考えないと、人の一生はきわめて決定論的なものとなってしまいます。

二つめの問題は、因果的な「説明」にかかわるものです。

精神分析における因果的説明の特徴は、いま起こっている症状の原因を説明するために乳幼児期までさかのぼるところにあります。時間を逆にさかのぼる形で結果の説明をするわけです。これは結果論とか後づけ説明（2・8参照）あるいは逆問題解法と呼ばれています。これは精神分析特有の説明のしかたではありませんが、前述したように、自然科学と違って精神分析ではかなり危ない面があります。いくらでも「こじつけ説明」ができてしまうからです。交通事故を起こしたときの原因追究と比較してみてください。この場合の逆問題解法にももちろん危ない面はありますが、最終的には実験的な検証ができる形で決着をつけることができます。しかし、精神分析的な説明はその正しさを実験的に保証できないのです。

科学的な因果モデルとしての精神分析の問題を二つあげてみました。それほどの問題がありながら、なぜフロイトの著作は読まれるのでしょうか。筆者も大学に入ってすぐに夢中で読みました。

それは、質問にある「一つの思想」という表現に凝縮されています。つまり、精神分析は人間を考えるための大きな枠組を提供してくれる点でおおいに役立っているのです。科学をめざす心理学ではともするとと忘れがちな人間をとらえる大きな枠組(グランドセオリー)を提供してくれているのです。そして理論そのものではないのですが、その中にあるいくつかの鍵概念をめぐっては、科学的心理学の研究のまな板にのせることもおこなわれています。一度はフロイトにのめりこむのもいいかもしれません。ただ、そこから脱出してサイエンスの世界に戻ってきてもらわないと困ります。

心の談話室「精神分析してみる」

つぎのような男性恐怖症を主訴とする三八歳の女性について精神分析してみます。ただし、あくまで精神分析を知ってもらうためのもので事例も分析も本物ではありません。

彼女は、男性社会のなかで仕事をしているが、男性がこわくて顔もまともに見られず、恥ずかしさでいっぱいになる。それまでの異性関係はプラトニック・ラブで、遠くから距離をおいて恋い慕うという行動しかとれなかった。男性からのアプローチがあると恋愛になるのではないかとこわくなって逃げ出してしまう。男性が嫌いというのではなく、むしろ、心の底では、ほんとうにつきあいたいという熱い願望がある。内心では、そのように異性とつきあいたいと思いながら、現実場面になると、それを拒否して逃げ出してしまう。

彼女の話によると、父親は彼女を寵愛《ちょうあい》した。追想によると、高校二年生の頃、書道を習っていた高校の教師から無理やり抱きつかれてキスされたことがある。相手はこのことを「誰にも言ってはダメだ」と脅した。彼女の母親は熱心なクリスチャンであったこともあって、彼女はこのことを母親にも言えなかった。(次郎丸睦子氏による)

【分析結果】　トラウマになっているのは、不本意な性的体験。それを家族や人に相談できなかったために抑圧されたエネルギーが内向した。また、父親からの寵愛は、幼児期における異性への安定した感情形成にネガティブな影響を与えた可能性がある。つまり、父親の寵愛がエレクトラ・コンプレックスを十分に解消されないままにさせた可能性が考えられる。その気持ちを隠すため、男性から逃避しなければとの防衛機制が働いて男性への異常な恐怖心をいだくようになったと考えられる。

2・13 生物の授業のときに『生き物地球紀行』という番組の一部をみせてもらいました。そのとき、先生が「これは物語であって、サイエンスではない」と言いましたが、どういうことでしょうか——擬人化の功罪

そのビデオは、NHKで月曜日夜八時から放映されている『生き物地球紀行』(現在は『地球・ふしぎ大自然』)の一部だと思います。私も楽しみにしている番組の一つです。

その物語展開を導くセリフは、ほとんどすべてが擬人的です。つまり人間の心を説明する枠組と言葉を、動物の行動の解釈に使っています。たとえば「雄は雌の気を引くために」「気の毒なまでに空腹に耐えて」「仲間からの孤立を恐れて」といった擬人化されたセリフが続出します。

四〇年前、大学で心理学を学びはじめた頃、どの心理学の先生も、心理学はサイエンスなのだから、主観でものを言ってはいけないとの戒めを、陰に陽にたえず学生に伝えていました。

このケースのように、動物の行動を解釈するのに、人の(自分の)心を動物に投影する擬人

化も主観の最たるもので、厳禁でした。したがって、この番組全体はおよそ「科学的」とは言えないことになるのですが、素人の視聴者からすれば、だからこそおもしろいし楽しめます。なぜなのでしょうか。

一つは、擬人化によって視聴者は物語がつくれるからです。「雄と雌が三メートルの距離に近づいた」「一〇時間食物を取らず」「他の個体から離れたりくっついたり」といった事実の記述だけでは物語になりません。退屈するばかりです。擬人化するからこそ、視聴者がそこに物語をつくりだして、動物の振るまいに人と同じ心の存在を実感でき、動物に共感できることになります。

もう一つは、擬人化によって誰もが納得できる「解釈」が自然に組みこまれているからです。

動物の不思議な振るまいが紹介されたとき、それはいったいなぜ、という疑問を解消するには、なじみのある人の(自分の)心を引き合いに出して解釈してくれる解説は直感的にわかりやすく、心地よさを感じさせてくれます。

一般視聴者に見てもらう「科学」番組ですから、こうした擬人化のメリットを使わない手はありません。また、だからといって、こうした番組内容のすべてをサイエンスではないと否定してしまっていいか、と言われると考えこんでしまいます。

動物行動学者の日高敏隆氏と生物遺伝学ライターの竹内久美子氏とのおもしろ対談の中に、日高氏のこんな話が載っています。

「「モンシロチョウは紫や黄色が好き」とタイトルを入れた解説を書いたら、科学は好きとか嫌いと言ってはいけない、「チョウがたくさんくる」と書くべきと詰問《きつもん》された」(『もっとウソを！　男と女と科学の悦楽』文春文庫)

このように、科学者でさえも、擬人化のメリットのとりこになります。

結論的に言うなら、擬人化は、科学の成果をわかりやすく一般の人々に伝達するための一つの方便としては使ってもいいが、科学的世界での説明としては抑制的に使うということでしょうか。

「擬人化は厳禁」としてしまうと、動物研究が貧弱でつまらないものになってしまいます。しょせん研究者も人間ですから、擬人化への誘惑から逃れることはできないと思うからです。サイエンスも、自然や人についての物語づくりでもあるのです。

なお、この種の動物番組ではもう一つ、進化論的説明もかなりひんぱんに使われます。これについては2・8を参照してください。

2・14　心理学にはどんな学会があるのですか――学会事情

日本には心理学関係の学会が、以下のようにじつにたくさんあります。「関係」の範囲を広げればもっと増えます。心理学あるいは関連領域の広がりを実感してもらうために、「日本心理学諸学会連合」に加盟している学会名を順不同で列挙してみます。「日本」は省略します。

バイオフィードバック学会、ブリーフサイコセラピー学会、動物心理学会、学校教育相談学会、学生相談学会、グループダイナミックス学会、箱庭療法学会、犯罪心理学会、発達心理学会、自律訓練学会、感情心理学会、カウンセリング学会、家族心理学会、健康心理学会、基礎心理学会、行動分析学会、行動科学学会、行動計量学会、行動療法学会、交通心理学会、教育心理学会、人間性心理学会、応用心理学会、リハビリテーション心理学会、臨床動作学会、臨床心理学会、理論心理学会、催眠医学心理学会、産業カウンセリング学会、性格心理学会、生理心理学会、社会心理学会、心理臨床学会、進路

指導学会、特殊教育学会、産業・組織心理学会、心理学会

ちなみに、筆者の場合は、「社団法人・日本心理学会」と「日本教育心理学会」、さらに隣接領域の学会である「読書学会」「日本語教育学会」「認知科学会」「人間工学会」「ヒューマンインタフェース学会」「プラントヒューマンファクター学会」にも加入しています。どうでもいいことですが、年間の学会費の支払いが七万円ほどになります。

なぜ、これほど学会が多くなったのでしょうか。

その一番の理由は、心理学の研究対象が多岐にわたっていることがあげられます。心理学のように、心という得体の知れない対象を研究する領域では、研究者間で知的好奇心は拡散します。

もう一つの理由は、研究活動の志向に関係しています。

研究には一見すると矛盾した面が共存しています。一方では、研究者個人の知的好奇心のおもむくままにという内向き志向、もう一方では、自分の知的好奇心を共有してくれる仲間を求めるという外向き志向です。前者は研究の自由が保障されるポストを求めさせ、後者は学会や研究会の結成を求めることにつながります。

この内向き志向と外向き志向との共存は、じつは矛盾したものではありません。学問に限

らず創造活動には強烈な内向き志向が必要ですが、それだけではだめで、それを支える文化、組織、評価システムといった社会的なしくみも必要なのです。個人の趣味のようなものでも、趣味仲間が必要なのと同じです。

二〇〇二年のノーベル賞騒ぎをみていると、創造的な成果はその人だけに帰せられるように錯覚してしまいますが、それを支える膨大な知のインフラ(基盤)がそのまわりにあっての創造なのです。学会はその外向き志向を組織化したインフラの一つです。その学会もあまり大きくなくコンパクトなほうが何かと都合がいいのです。会員数六千余名にもおよぶ日本心理学会のような規模になると、きめ細かい活動がなかなかできにくいところがあります。というわけで、五〇〇人から一〇〇〇人程度の学会をつくって、小粒だがぴりっとした活動をしようということになります。

もっとも、学会の群雄割拠状態をつくりだす世俗的な事情もじつはあります。

学会の仕事のうち最も重要なのは、論文機関誌の発行です。大きな学会の機関誌に論文を掲載するには、投稿してから査読をへて掲載までどんなに早くとも一年はかかります。学会が小さいとこれを短縮できます。なお、論文審査は、同じ研究仲間二、三名による(ピア・レビュー)匿名《とくめい》審査になります。審査のない大学紀要論文などは、あまり高く評価されません。

大きな学会の機関誌は、一定の水準を保つために審査基準が高めに設定されがちです。そのため、審査者の基準も高く設定され、欠点はないが独創性もない、あるいはテーマそのものが奇抜すぎるなどなどといった理由で審査を通らないことがあります。小さい学会ならそのあたりはかなり融通がきくという、これまた世俗的な理由もあります。

もう一つの世俗的な事情は研究費配分です。

いま、科学技術への国費の投入は莫大な額になっています。研究開発(R&D Research and Development)が国の生き残り戦略として重要になってきたからです。その配分の決め方にはいろいろありますが、なんらかの形で、学会が関与することになるので、たくさん学会をつくってそれぞれが潤おうようにしようということになります。

さらに、最近の資格ブームにのって、心に関する仕事の資格認定の要求が強くなってきました。その業務をおこなうために学会が必要になってきたという事情もあります。

最後に、学会が増えたもっともっと世俗的な理由もありますが、これについては大人の?世界の話なのでやめておきます。

2・15　心理学者は心理学のことをどのように考えているのですか
——心理学者のいだく心理学像

A・ファーナム著『すべては心の中に』(細江達郎監訳・北大路書房)の中に、世界の心理学者二〇二名に、「心理学をどのように考えているか」についての九一項目にわたるアンケート調査をしたときの結果が載っています。その中から、「強く反対とされた」項目九個について コメントすることで、心理学の将来を考えてみたいと思います。

1　心理学は科学ではない

さすがに心理学者の中には賛成は少ないのですが、心理学の外にはまだまだこの考えに賛成する人は多いのではないかと思います。

2　一般大衆は心理学という学問についてとてもよく知っている

心については「素人」心理学が幅をきかせています。あえて心理学に頼らなくてもやっていけます。そこにとんでもない思いこみや誤った信念がはびこってしまいます。もっと心理学のことを知ってくれれば、そんなことにならないのに、という心理学者の気持ちがここに反映されています。

3　心理学の問題の大部分は、いずれ神経生理学者によって答えが見いだされるであろう

これについては1・13で述べたので、コメント不要かと思います。なお、くりかえしになりますが、だからといって心理学研究者が脳科学の知見を無視していいということでは絶対にありません。「脳あっての心」ですから。

4　心理学を教育するにあたっては、統計的実験計画法の重要性を軽減するようにしなければならない

統計的実験計画法は、検証したい原因と結果のあいだの関係だけを見ることができるようにするための研究上の大事な技術の一つですから、研究をするうえでは必須ですが、人の心を理解するのには不要ではないかという意見があります。しかし、この手法の背景にある確率の概念、実験における条件統制の考えは、物事を正しく認識するための教養として身につけて損はありません。2・6を参照してください。

5　大学の心理学コースにはかなり情緒不安定な人々が集まる

これに類した話として、「臨床心理学をやりたい学生は心の不安定な人、あるいは過去に不適応になった人が多い」があります。いずれも偏見だと思います。大学の授業でも大

学院でも学生をたくさん集めてしまう心理学への妬《ねた》み心もあるかもしれません。心に人一倍強い関心をもっている健全な学生諸君が集まるのだと思います。

6　被験者数が一人の研究は、けっして科学的なものにはなりえない

いわゆる事例研究の否定です。心理学ではこれもきちんと科学的なものと認めて、そこからの知見をいかしています。2・10と2・11を参照してください。

7　社会的行動は文化的・経済的要因を考慮しなくとも理解できる

対人認知や行動、態度や信念、いずれも一人一人の心の問題ではありますが、あきらかに文化や経済的な要因ぬきには考えることができません。だからこそ文化(差)心理学があるし、最近では経済心理学(3・6参照)なるものさえ出てきているのです。

8　測定の手つづきは測定されるものに影響をおよぼさない

これは人にかかわる測定に特有の問題です。石の重さはどんな手つづきで測っても同じですが、たとえば知能は、田中・ビネー式知能検査で測るのとWISCで測るのとでは、結果が微妙に変わってきます。そのことを前提にした測定の手つづきが心理学ではあれこれ工夫されています。

9　過去五〇年のあいだに精神病の治療法に関する進歩はまったくみられない

これは心理学というより、精神医学の話です。門外漢ですが、薬物療法には驚くほどの進歩があると聞いています。また、精神病者の社会復帰や活動を支援する臨床心理的な態勢や制度もかなり充実してきています。

心の談話室「心理学者は心理学をこのように考えている」

本文のファーナムの本からの話のつづきになります。本文では心理学者の多くが「反対とした」項目でしたが、ここでは逆に、世界の多くの心理学者が「賛成とした」項目を勝手にグルーピングしてタイトルをつけて列挙してみます。意味がややわかりにくい項目もありますが、ざっとみるだけでも、心理学者がいま何を考えているかは、おおよそ見当がつくのではないかと思います。

●心理学の前提

・心理学は社会科学である

・人間の行動は基本的に法則にかなっている

・あらゆる行動は社会過程であり、文化的、社会的、政治的および経済的要因を考慮せずには理解できない

・心理学の知識は、歴史上のある特定の時代背景に相対的なものである
・心理学者は自分の理論を市場に出すために、それを支持し裏づける証拠を得ようとする
・科学が理解されていくためには、理論が創造され、正当化され、研究者のコミュニティ全体に拡散される過程が必要とされる

●心理学のねらい
・心理学の主な目的は、知識の量を増やすことである
・心理学の主な目的は、人間のおかれている条件の改善であるべきだ
・心理学は「婚姻上の問題」「組織での問題」「読解力障害」「知能障害」を診断（評価）するのにおおいに役立つ
・心理学は「学習上の問題」「読解力障害」「婚姻上の問題」「神経症の問題」「組織の問題」を改善するうえで役に立つことができる

●心理学の研究・教育上の特徴と問題
・心理学者は専門用語を使いすぎる
・心理学者は哲学についてもっとよく教育を受ければ、利益を得るであろう

・社会心理学、パーソナリティおよび臨床心理学は研究するのは容易だが、いい研究をおこなうのは難しい
・心理学は状況に依存し、すなわち準拠枠に関連して相対的な理論を創造する
・いろいろの異なった状況においても適切であるように、心理学の研究を妥当におこなうことができる方法がたくさんある
・データというものは心理学者によってさまざまな理論を使って創造され、解釈される。したがって、それは理論を担ったものである

●心理学の社会的役割

・わが国の一般の人々のほとんどが、心理学に関しては驚くほど無知である
・心理学者が政府の各種委員会にあまり招請されていないのは残念である

3部

心理学はどのように役立っているのか

心理学は、長いあいだ、無用の学問を気取ってきたようなところがあります。「私は趣味で心理学を研究している」と豪語してはばからない大先生がごろごろいました。ところが、ここ三〇年くらいで心理学は様変わりしました。世の中からの強い期待にさらされるようになってきました。どうしてそんなことになってきたのでしょうか。ここではその背景を解剖するとともに、心理学はほんとうにその期待に応えることができるのかも考えてみたいと思います。

3・1　心理学はどのように役に立っているのですか
——学問としての有用性

ある高校での進路説明会で、心の働きを知ることが心理学のねらいの一つであると話したところ、「心を知って、それでどうなるのですか」と質問されて、ぐっと答えに詰まってしまったことがあります。

一般に学問の有用性については、アカデミックな(学問的)観点からと、プラグマティックな(実用的)観点からとの両方を考えてみる必要があります。「知る」のが前者、「それでどうなるか」が後者です。二つの観点はしばしばストレートにはつながらないので、それでぐっと詰まってしまったわけです。

アカデミックな観点からみた有用性とは、その学問領域の存在が文化の生成・維持に貢献しているか、それを学ぶことによって精神的な豊かさが得られるかです。かなり抽象的な言い回しですが、こうした表現しかできないところが弱みです。しかも、多くは研究者の個人的な好み、ときには趣味?の世界が深化・普遍化されたようなところがあるので、ますますその存在意義がわかりにくいところがあります。

プラグマティックな観点からみた有用性とは、言うまでもなく、生活の豊かさや利便性、心理学の場合は、心のコントロールやケアにつながるかどうかです。高校生の質問は、こちらのほうを聞きたかったのだと思います。

学問分野によって比重のおき方に微妙な違いがあります。たとえば、文学や哲学などはアカデミックな有用性のほうに、工学などはプラグマティックな有用性のほうに重点がおかれています。最近は、全体として、プラグマティックな有用性のほうが強調されすぎている傾向がみうけられますが、これがあまり強くなりすぎると、一国の学問文化全体を貧弱なものにしてしまうことになるので危険です。

さて、心理学はどうでしょうか。

最近の心理学ブームは、次項で述べるように、もっぱらプラグマティックな有用性への期待からです。心の改善に関する理論や技術への期待です。従来の心理学は、少なくとも日本においてはあまりにアカデミックなほうに傾きすぎていましたから、これでようやくほどよいバランス状態になったと言えます。

ところで、アカデミックな観点からみた心理学の有用性、つまり心を知ることの有用性は、どんなところにあるのでしょうか。抽象的には前述したようなことになりますが、もう少し具体的に言うなら、つぎのようなところに心理学のアカデミックな観点からの有用性を指摘することができます。

心理学の研究対象が心という人間にとって本質的なものなので、心にかかわりのある他の学問領域(哲学、言語学、人類学、社会学、工学、脳生理学など)に対して、中核的・学際的な役割を果たせることです。

心理学を真ん中において、たとえば言語学と情報科学が協力することで、効果的な自動翻訳システムがつくりだせます。また、脳生理学といっしょに仕事をすることで、心の異常が脳の機能としてわかってきます。

こうした事情を反映してか、心理学者としてトレーニングを受けながら、いまでは工学者顔負けの情報工学者になったり、脳生理学者になったりしている人がかなりいます。その逆もいます。

また、そうした心理学の役割を可能にするために、心理学の研究アプローチもかなり多彩になっています。哲学的アプローチ、数学的アプローチ、医学的アプローチ、自然科学的アプローチ、工学的アプローチなどが、それなりに心理学の中で有効かつ批判的に使われています。

心の談話室「心理学をもっと役立てよう」

受験生の神様・和田秀樹先生（精神科医）のサイト（http://www.hidekiwada.com/）からの部分引用です。今回は受験に関してではありませんが、じっくりと味わってください。先生から転載を快諾していただきましたので、やや長い引用（一部省略）をしました。

■年頭所感——心理学の方法論をビジネスに

昨年は四〇冊以上の本を書いた。能力開発や教育の本が主であるがかなり専門外の本も書いている。特に企業の諸問題について心理学的な理解と解決法の本を何冊か書いた。私は、ビジネスに心理学の視点を組み入れるべきだと考えている。

もともとは、私がアメリカに留学して、現地では心理学が従業員やエグゼクティブのメンタルヘルスやマネージメント、あるいはマーケッティングに使われていることを目の当たりにしたことがきっかけになっている。その後、教育心理学や認知心理学を学ぶことになって、能力開発にも十分心理学が利用できることを知ったからにほかならない。

しかし、昨今の日本の状況を見る限り、別の角度からも心理学の必要性を痛感するようになった。
それは、ビジネスにせよ、経済動向にせよ、旧来のやり方が通じなくなっている、専門家のアドバイスが通じなくなっているのだから、もっとほかの角度からの検討が必要なのではないかということだ。(中略)
心理学というものについての誤解が多いが、基本的にはきわめて方法論はシンプルである。ものを売りたいというのであれば、消費者の購買動向などを観察して、心理学の見地から仮説を立てる。そして、実際にその仮説があたっているかを検証する。あたっていればその仮説は、いったんは検証されたとみて(そのうちにすぐにあてはまらなくなるかもしれないが)採択する。
はずれていれば、観察をやり直すか、仮説を立て直すかして、もう一度、検証作業に入る。うまくいくまでやり直す、気力や資金力があればかならず成功するモデルといってよい。(中略)
いずれにせよ、今回のエッセイに書いたような内容も仮説を立てて、結果を予測するという点で心理学なのである。だから、心理学は実用的なもののはずである。これがもっと社会に応用されるようにがんばるということを本年の年頭所感としたい。

3・2　なぜ、いま日本では、心への関心が高まっているのですか

――心への関心

つぎのようなことわざがあります。

「恒産《こうさん》なき者は恒心なし」(孟子《もうし》、BC三七二～二八九)

From hand to mouth will never make a worthy man.(その日暮らしでは立派な人間になれない)

いずれも、物質的な貧しさは心の豊かさをもたらさないことを述べたものです。確かに食うや食わずの生活のなかでは、心にまでは思いがおよばないであろうことは実感として理解できます。もっとも、孟子はこの警句の前の部分で、「恒産(定まった財産)がなくとも恒心のある者は、ただ士(立派な人)のみ」と述べてはいるのですが、そんな「士」も最近はめっきり減ってしまったように思います。

しかし、いまの日本をみると、孟子の警句はすでに過去のものになり、むしろ物質的な豊かさの過剰が心におよぼす影響のほうが心配です。「過ぎたるはなお及ばざるがごとし」(孔

子、BC五五一～四七九）のほうの心配です。

どうも、物質的な豊かさと心の豊かさのあいだには、山型の関係があるようです。適度の物質的な豊かさが最高の心の豊かさをもたらし、それ以上でも以下でも心の豊かさは減少するようです。物質的な貧しさを味わい、それを少しずつ克服しながら豊かになっていくという過程をじっくりと経験することのできた時代、あるいは、そうした養育環境を与えてもらえた人は、心の豊かさをつくりだすという点で幸せです。

じつは、私は一九四五年の終戦のとき三歳、田舎でのやや貧しい生活を子どもの頃じっくりと体験し、一九六四年東京オリンピックのときに二二歳で大学卒業、その後、経済の高度成長期が終わる一九七三年まで、経済的な豊かさを享受してきました。いま振り返ると、心の陶冶にはじつに格好の環境だったと思います。だから自分の心は豊かなのだ、というつもりはありませんが、いまの子どもを取り巻く物質的なあまりの豊かさがもたらす負の側面がどうしても気になります。

適度の物質的な貧しさは、子どもの頃には、生理的な欲求のコントロールという実践的な心の訓練を積めることになるし、適度に豊かになった青年期には、ひもじさのほうに心を奪われることもなく、余裕をもって広く深くみずからの心の探求をすることができます。しかし、生まれたときから何でもある環境では、欲求をコントロールすることを学ぶ実践的な場面が減ってきます。おなかがすいたらちょっと泣くだけで、満腹にしてもらえます。嫌いなものを食べなくとも、生きていけます。

引用ついでに、J・J・ルソー(一七一二～七八)の強烈な皮肉の一言を。

「子どもを不幸にするいちばん確実な方法は、いつでも、なんでも手に入れられるようにしてやることである」

また、青年期になっての物質的な過度の豊かさは、物質のほうにばかり目を奪わせてしまい、自分の心のほうに関心を向けさせません。携帯電話がほしい、MDがほしい、そのためにお金がほしい、となってしまいます。みずからの心を内省する余裕などありません。

余談になりますが、内閣府が定期的におこなっている青少年の意識調査では、高校生にとって「家庭についての」いちばんの悩みは、「小遣いが少ない」というものでした。ちなみに、二番目に多かったのが「勉強しろと親がうるさい」でした。

というわけで、過度の物質的な豊かさは、自分の心のコントロールという点でも、自分の心を知り陶冶するという点でも、不利な状況をつくりだしてしまうことになります。

いまの日本の社会にみられる、心への強い関心、心理学への過大なまでの期待は、高度経済成長が終わって以来ほぼ三〇年におよぶ物質的な豊かさの過剰が生んだ、心の脆弱《ぜいじゃく》さ、貧弱さへの気づきと、それをなんとかしたい、しなければという強い願望やあせりが背景にあるように思います。これに拍車をかけているのが、長期間におよぶ経済不況と、社会のいたるところで起こっている構造改革の先が見えない不安だと思います。

事態は深刻のように見えますが、心について関心を持てるような環境は、悪いことではありません。豊かな心は豊かな文化をつくりだします。物と心とがほどよいバランスを保てるようになるチャンスが、いま日本の社会に来ているのです。

一過性の「ブーム」では困りますが、心について静かに深く思いをめぐらすことができるこの時期に青年期を過ごせる諸君は、私とは別な意味で幸せなめぐりあわせと言えるかもしれません。

3・3　心への関心の高さをしめす具体的な動きにはどんなものがありますか——心ブームの解剖

心に限りませんが、ブームをつくりだす先兵はもっぱらマスコミです。とはいっても、何もないところにブームを起こすことは無理です。ふつうは、なんらかの萌芽《ほうが》は潜在的にあります。マスコミには、それを発掘する感性があり、さらにそれを表現する強力な技術があるに過ぎません。

ただ、最近では、インターネットによる口コミ的な広がりもブームの火つけ役になってきているようです。メディアの影響も、ここにきて多彩な様相を呈しています。

いずれにしても、ここでは、最近のマスコミ報道を手がかりに心ブームの具体的な動きのいくつかをざっと紹介しておきます。

●教育における心ブーム

「心の教育」

文部科学省が道徳教育に加えて、自分の心をみつめ、心を豊かにするための方策として、

「心のノート」なる冊子を配布したりしています。1・8で述べたメタ認知力の陶冶の学校教育版とも言えます。青少年のわけのわからない行為や犯罪への自己抑制的な効果も期待しているのでしょう。

「子ども、若者のやる気喪失」

朝日新聞が、二〇〇二年一一月に「学ぶ意欲」と題して一面で連載していました。勉強どころか部活さえする気持ちになれない子どもの心を取り上げています。引きこもり現象の前兆のようでちょっと不気味です。

「学校カウンセリング」

小中高の子どもの心の問題に対処するための専門家として、スクール・カウンセラーが学校に配置されるようになりました。大学ではかなり前から「保健管理センター」や「学生相談室」などで、カウンセリングがおこなわれてきました。

●大学教育における心理学ブーム

「心理学関係の講義に受講生が殺到」

筑波大学でもそうですが、他の大学でも事情は変わらないようです。とりわけ臨床心理学関係の授業では、その受講生の多さは驚くほどです。試験のときはクラスを二つか三つに分割する騒ぎになることもあります。

「臨床心理士養成の大学院の設置」

民間の資格ではありますが、すでに一万人以上が取得している資格が、臨床心理士です。受験資格として臨床心理士資格認定協会指定の大学院の修士卒が求められているため、それに対応した大学院(修士課程)がすでに八六校(二〇〇二年度)もできています。

●研究における心ブーム

「二一世紀教育研究拠点校COE(center of excellence)の選考」

各プログラムに五年間五億円程度の研究資金を投入しての拠点づくりとして、人文科学の分野で二〇プログラムが選ばれました。申請タイトルから推察すると、そのうち心理学が中核になっている心に関連するプログラムが、つぎの三つです。

・心の文化・生態学的基盤に関する研究拠点
　北海道大学　文学研究科人間システム科学専攻　山岸俊男教授
・誕生から死までの人間発達科学
　お茶の水女子大学　人間文化研究科人間発達科学専攻　内田伸子教授
・心の働きの総合的研究教育拠点

京都大学　文学研究科行動文化科学専攻　藤田和生教授

「脳と心」

脳計測の技術が進歩したこともあって、心を脳の機能で説明しようとする研究がさかんになってきています。1・13を参照してください。テレビのバラエティ番組でも何かと脳と心の関係を取り上げているのをみます。

●企業における心の管理ブーム

「うつ・自殺対策」

企業を取り巻く環境が厳しくなってくるにつれて、心を病む人々が増加しています。ここ三年間、自殺者も三万人を超えつづけています。まずは、過労にならない作業環境づくりだと思いますが、自己コントロールもまた大切です。

「モラール(志気)向上対策」

新入社員が入社して一年以内にどんどん辞めてしまったり、言われたことしかしないマニュアル社員が増えたりで、困っているようです。高校・大学でのキャリア・ガイダンスへの必要性が叫ばれています。

3・4　なんでも心のせいにしてしまうのもおかしいと思うのですが
――心理主義

本書の全体のバランスを保つためにも、この疑問にはきちんと答えておく必要があります。まず、具体的に考えるために、不登校のケースを取り上げてみます。

不登校（一年に三〇日以上欠席で不登校を理由とする者）は、文部科学省のまとめによると、二〇〇〇年度では、小学校二万六〇〇〇人（対前年度比一・二％増）、中学校一〇万八〇〇〇人（対前年度比三・六％増）の合計一三万四〇〇〇人（対前年度比三・一％増）と過去最高になっています。すごい数です。中学校では一クラスに一人くらいはいることになるのですから。

このような社会的に注目される現象や事件が起こると、とうぜん、なぜそうなったのかの原因探しがまずはじまります。そのときに一番手っとり早いのが、心に原因を求めるものです。これを心理主義と呼んでおきます。

不登校に関して言うなら、「甘え」「怠惰」「先行き不安」「対人不安」「情緒障害」「学校恐怖症」など、原因を探すのに苦労知らずです。しかも、人は誰でも「素人心理学者」になれるのですから、原因追究もにぎやかになります。

心に原因を求めることはまちがいではありません。しかし、心「だけに」原因を求めるのは、多くの場合まちがいですし、有効な対策を立てることにつながりません。なぜなら事は、心も含めて周囲の状況、過去の環境などさまざまなものが複雑にからみあって起こっていると考えるのが自然だからです。

次ページの図を見てください。これは不登校を含めた問題行動や不適応行動(非行や攻撃など)を考えるときに使う、包括的な因果関係図です。

こうした因果関係的な考え方をするときは、つぎの三つがポイントになります。

・何が原因になっているかを考える
・それらが相対的にどれくらいの強さで影響しているかを考える
・過去から現在までの因果の連鎖、および因果の構造を考える

このように、事の真実に到達するのはとてもめんどうでしんどいのです。しかし、それを避けてしまうわけにはいきません。ただ、こう毎日、事件・事故が起き、わけのわからないニュースにさらされていると、つい安易に「当事者の心の問題だ」で片をつけたくなります。その気持ちは痛いほどわかるだけに、くどいようですが安易な心理主義的思考はしないよう

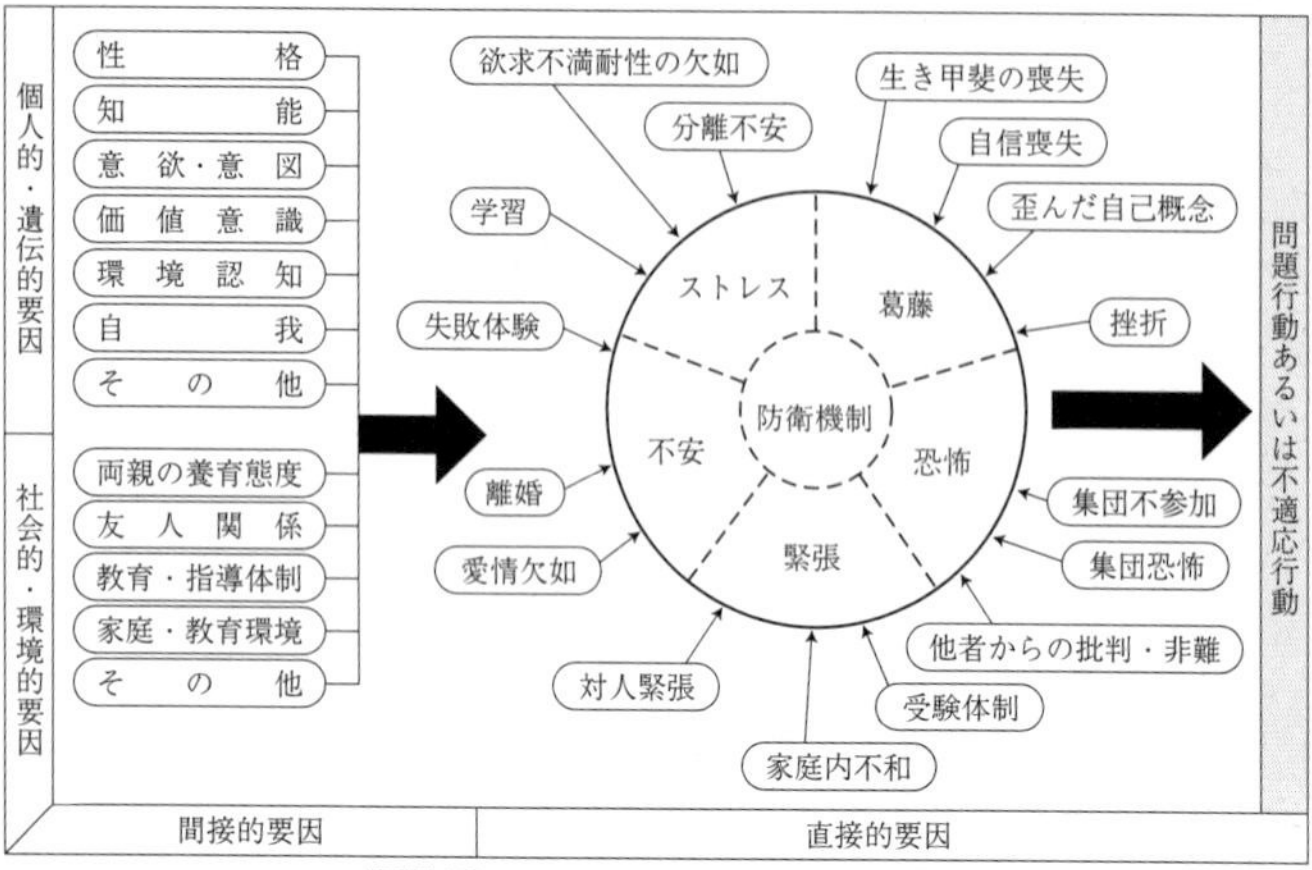

問題行動の因果関係図(山口正二氏による)

にする心がけが大事になります。

さらに、心理主義にはもう一点、注意すべきことがあります。

それはかりに心に問題があるとして、ではどうするとなったとき、ついいわゆる精神主義に陥りやすいという点です。「心を鍛えれば問題は解決する」「がんばればできる」「しっかりせよ」など、本人にとって、そう言われてもどうしようもないことを指示されておしまいとなりがちです。これでは事態はいっこうに改善されません。

話がちょっとずれますが、日本人にとっての「さよなら挨拶」は、どんなときでも「じゃー、がんばってね！」です。お見舞いにいった病人とのさよなら挨拶にも使います。明日が大学受験の受験生に「がんばってね！」はふさわしくとも、病人にまでそれを言うのはどうでしょうか。これが精神主義を反映したものであることはおわかりと思います。なお、同じ「さよなら挨拶」でも、アメリカでは"Take it easy."(気楽にね！)です。同じ精神主義でも違うものです。

というわけで、不登校の子どもを取り巻く環境や状況の改善にまで思いをはせて、現在の心のケアをおこなうことが、事の有効な解決につながるのだと思います。

心の実験室「事故原因を探る」

つぎのような交通事故が起こったとします。さて、この事故原因は何だと思いますか。

ケース1　夕方薄暗くなって、はじめての場所に行く途中、道路脇にあった見えにくい案内表示を見ようとしていたら、追突してしまった。

ケース2　濃霧の高速道路で多重事故に巻きこまれ、車を大破してしまった。

【解説】　事故原因を探るときには、四Mの原則というのがあります。

・Man(人)　人が過失を犯していないか

・Machine(機械)　機械の不良や不具合はなかったか
・Media(媒体)　機械操作の不適切さを誘導するようになっていなかったか(インタフェースの不具合)、連絡ミスはなかったかなど
・Management(管理)　過重な労働をさせたりしていなかったか、十分な安全対策を講じていたかなど

二つのケースをこの四Mの原則で分析すると、どうなるでしょうか。よそ見をした運転手だけにしか目がいかないとすると、原因追究も十分とは言えません。人為ミスで終わりです。道路脇に見えにくい道路案内表示を設置しておいた管理上の問題を見逃してしまいます。また同じような事故が起こるかもしれません。

ケース2については、あれこれ思いをめぐらしてみてください。「濃霧のような日に運転する人が馬鹿」というだけしか思いつかないとすると、認識がまだまだ浅いことになります。

3・5　心を人からコントロールされるのは気持ちが悪いのですが

──心の外部コントロール

心のコントロールに関しては、三つの種類があります。一つは1・8で述べた自己コントロール、二つはここでとりあげる外部コントロール、三つはその中間に位置していて、しかもいま一番望まれている心と行動の支援という考えです。

コントロールするとか制御するとかいう話は、科学技術の世界ではあたりまえです。大枠では自然科学のパラダイムにしたがっている心理学も、したがって心のコントロールとか制御を考えています。たとえば、つぎのような願いがあります。

・消費者に自分の商品を買わせる
・選挙で自分に投票させたい
・子どもに基本的なしつけをしたい
・恋人にもっと自分に関心を持たせたい

いずれももっともな願いです。心理学にはこうしたことに役立つ知見や技術がたくさんあります。

しかし、こうした心や行動のコントロールは確かに、自分がコントロールされる側になったことを考えると、気持ち悪いところがあります。この気持ち悪さが、科学技術による自然のコントロールと根本的に異なっています。自然の事物が人によるコントロールを気持ち悪がることはありませんから。

では、心や行動をコントロールするための知見や技術は否定すべきなのでしょうか。ある種の領域では否定あるいは禁止すべきです。これは原子力を平和利用に限定する、あるいはクローン人間を禁止することと同じ理屈になります。

心理学の場合ではどんな領域かというと、たとえば今日もニュースでとりあげられていた催眠商法。入口で一〇〇円の入場料をとって一〇〇〇円の品物をあげて、まず心の扉をこじあけます。ついで、会場に閉じこめて、さまざまな説得技法を使って一〇万円もの高額商品を買わせてしまうようです。こんなことに心理学の手法が使われるのは禁止すべきです。

あるいはサブリミナル(潜在)広告。人が意識できないところに働きかけて人に商品を買わせるようにしむけるのもだめです。

いずれもそこで使われている技術が、人間の尊厳を汚したり、人間に不本意に損害を与えるものですから、禁止しなければなりません。

では、心理学の知見を使って、スーパーで買物客がつい買いたくなるような展示をするのはどうでしょうか。あるいは、ごくふつうに流されている大量の広告にも心理学の技術が使われていますが、これはどうでしょうか。微妙な領域です。ほかにもこんな領域はたくさんあります。あるいはそんな領域ばかりといってもいいかもしれません。

となると、善か悪か、禁止か許容かを決めるルールが必要になります。はっきりとしたものがあるわけではないのですか、基本三カ条をあげるとすればつぎのようになると思います。

第一条　「コントロールすることが、コントロールされる人のためになる」

商品を売ってもうけたいという気持ちは悪ではありません。しかし、それはその商品を買った人のためになることが前提です。子どもをしつけるのも、それが将来、子どものためになるからです。

第二条　「心や行動の自然な状態からかけ離れた状況でコントロールしない」

家の中でふつうに叱って子どもを勉強させるのはふつうのことで何も問題はありません。しかし、夏休み中、山にこもらせて誰かに子どもに集中力の特訓をしてもらうのはどうでしょうか。そういえば、自閉症児の治療と称してボートの合宿訓練で子どもが死亡してしまった事件もありました。心と行動の「不自然な」管理強化は、一時的には効果があっても、長期的にはむしろ害があります。

第三条「コントロールの場に出入りするのは基本的に本人の自由意志にまかせる」

テレビ広告は見たくなければスイッチを消すことができます。もっとも、そんなことにならないように、最近は話のクライマックスのところでひんぱんに中断するような「稚拙な」手法(心理学では中断効果と呼ばれています)を使い過ぎていますが。催眠商法の問題の一つには、部屋を出る自由意志を巧みに奪ってしまうところにもあります。

いずれもそうは言ってもというところはあります。

看護場面などでよく起こるように、人のためによかれと思ってしたことがそうでなかったり(第一条違反)、環境を無理して変えさせたら猛烈な勉強家になったり(第二条違反)、学校で出入り自由とはいかなかったり(第三条違反)はあります。

それでも、迷ったらこの三つをよりどころにしてほしいと思います。

最後に、冒頭で、心と行動のコントロールの三つめにあげた「支援」という考えについて述べておきます。心の外部コントロールというややどぎつい感じを与える言葉よりもソフトですし、もっと大事なこととして人への温かさが感じられます。

支援とは助けてほしい人を助けることですが、そこにはどのようにしてほしいのかの目標があります。歩けなければ支えてほしい、心の悩みで困っているなら悩みを解消してほしいというわけです。

ここには、コントロールされることへの切実な願いがあります。この願いのあるところに介入していく、逆に言うと、願いのないところには出ていかない節度は、心理学の技術を使うときには、ぜひ忘れてはいけないと思います。

さらに、支援には、強力な外部からの働きかけよりも、相手の持っている力を活用して、それが発揮しやすいように脇からちょっと力を貸すというイメージがあります。心や行動の真の変容は、こういう無理のないところでしか起こりえませんし、起こそうとしてはいけないと思います。

3・6 心理学にはノーベル賞はないのですか――心理学者のノーベル賞

昔、ノーベル賞の発表があるたびに、子どもに「お父さんはいつもらえるの」とたずねられて弱ったことを思い出しました。ただ、ありがたいことに、「ノーベル心理学賞」というのはありませんでしたから、そのときどきで適当に納得させることができました。

ところが、二〇〇二年のノーベル「経済学賞」に正真正銘の心理学者、それも自分の研究領域に近い認知心理学者が選ばれたのです。これにはびっくり仰天しました。日本ではダブル受賞とサラリーマン研究者・田中耕一氏の受賞騒ぎでほとんど注目されませんでしたが、学界ではちょっとした話題になりました。「もしかしたら、自分も田中さんのように」と思った心理学者が何人もいるかもしれません。

さて、その人はD・カーネマン氏です。アメリカのプリンストン大学とイスラエルのヘブライ大学の教授です。受賞の理由をかんたんに言うなら、「不確実性の下での人間の判断を心理学的に研究し、それを経済学に導入した功績」ということです。

経済は、金と物の動きだけを見ていたのではわかりません。そこにかかわっている人がどのように考え、どのように行動するかまで含めて見ていかないと、不十分です。3・1の「心の談話室」をもう一度読んでみてください。

心理学のほうからすればごくあたりまえの視点ですが、経済学としてはそこまでは手が回らなかったようで、あまり手がつけられていませんでした。

たまたま、日本心理学会で発行している啓蒙的雑誌『心理学ワールド』二〇巻で「お金と心理学」という特集を組んでいます。それによると、最近では経済学のほうでも、経済心理学、行動経済学、実験経済学などという領域が形成されつつあるようです。

カーネマン氏の仕事の一端は「心の実験室」で紹介することにして、その特集の中に紹介されている行動経済学のトピックを二つほど紹介してみます(坂上貴之氏にもとづく)。

○古典的な実験ですが、硬貨の大きさを判断させると、硬貨の価値が高いほど、また貧乏な子どものほど、過大視してしまう。

○誰もが一カ月後の一万円よりいまの一万円をもらうほうを選びます。そこで、「Xカ月待てば一万円が手に入るが、いまならいくらで(Y円)手をうつか」と聞いてみます。すると、Xが大きくなるほど、Yが急速に小さくなります。さらに、その減る割合(遅延割引曲線)は、高齢者、青年、児童と年齢が下がるにつれて大きくなります。

とあれこれ書いているうちに、人工知能研究の創成期において一般問題解決器をつくりあげるという顕著な業績をあげて、さらに心理学のほうでもすぐれた業績をあげ、そして一九七八年にやはりノーベル「経済学賞」を受賞してしまったH・サイモン教授がいたことを思い出しました。その受賞理由もD・カーネマン氏と似ていて、「経済組織における意思決定分析への先駆的な貢献」です。

こうなると、いっそのこと、ノーベル心理学賞を設けてもいいのではと思ってしまいます。

心の実験室「こんな研究をすれば、心理学でもノーベル賞がもらえる!」

つぎの問に答えてください。カーネマン氏の研究をクイズ風に直してみたものです。

1　コインを五回投げたとき、つぎのいずれのほうが起こりやすいですか。

A「表表表裏裏」　　B「表裏表表裏」

2　つぎのうち、あなたなら、どちらのケースのほうに二〇〇〇円を払いますか。

A　入場料金二〇〇〇円の映画を観ようとした。しかし、二〇〇〇円を紛失してしまったことに気がついた。映画を観るために二〇〇〇円をさらに払いますか。

B　二〇〇〇円で買った前売り券をなくしていることに気がついた。映画を観るために二〇〇〇円をさらに払いますか。

3　患者に薬を飲むように説得している医者だとします。つぎのどちらの説得表現をしますか。

A　この薬を飲めば、七〇%の確率で助かる。

B　この薬を飲めば、三〇%の確率で死ぬ。

【解説】　1はB、2はA、3はAのほうが選ばれる傾向があります。

いずれも、論理的にきちんと考えれば、おかしいことに気がつくのですが、ちょっと問題に脚色をほどこすと、人の判断(ヒューリスティックと呼ばれる直感的な判断)が影響を受けてしまいます。これを人の判断のいいかげんさとしてしまうのではなく、ここにもそれなりの心理的な合理性があるとして、その法則性を明らかにした点がノーベル賞につながったわけです。

なお、1はAもBも一回限りの事例としてみれば(そのように問うています)、生起確率は二分の一の五乗で同じです。「コインの五回投げ」実験を無限にくりかえせば、B

のほうが確率的には生起確率は高くなります。じつは人間は確率的な推論はあまり日常的にはしないのですが、こんなときだけは不思議としてしまうようです。

2は、心理的会計の不思議さです。お金を落としたのと映画を観るのとは別会計だから、同じものに二度払うよりがまんできるという判断です。

3は、フレーミング現象と呼ばれているもので、「死ぬ」「助かる」という言語表現が判断の枠組(フレーム)を変えてしまうために起こります。

最後にカーネマン氏の代表的な論文名を日本語訳であげておきます。じつはカーネマン氏は、A・トバルスキー氏とずっといっしょに仕事をしてきました。つぎの論文も二人の共著です。二人いっしょにもらえるはずでしたが、トバルスキー氏は一九九六年に亡くなってしまいました。ノーベル賞をもらうには長生きすることも必要なようです。

なお、カーネマン氏は一九三四年生まれです。

「予測の心理学について」

「プロスペクト理論:リスク下での決定の分析」

「決定のフレームと選択の心理学」

「合理的な選択と決定のフレーミング」

3・7　心理学に関する資格にはどんなものがあるのですか
――心理の資格

いまの日本の世の中、資格ブームのようなところがあります。大学進学率がほぼ五〇％ともなると、学歴だけではもはや勝負できなくなり、もう一つの「学歴（何ができるかの証明）」として資格がほしいとの思いが、ブームの背景にあるのかもしれません。でも、ほんとうは資格より実力のほうが大事だと思いますが。

さて、その心理学関連の資格の話です。調べてみてびっくり仰天してしまうのですが、その数の多いこと。学会が認定している資格だけでも以下のとおりです（『心理学ワールド』六巻、日本心理学会より）。

まず、心理学関係の学会が認定している資格から。

認定心理士（心理学会）、学校心理士（教育心理学会）、心理リハビリテーション資格（リハビリテーション心理学会）、認定カウンセラー（カウンセリング学会）、認定催眠技能士（催眠医学心理学会）、認定バイオフィードバック士（バイオフィードバック学会）、家

族相談士（家族心理学会）、自律訓練法指導資格（自律訓練学会）、学校カウンセラー（学校教育相談学会）、認定行動療法士（行動療法学会）、認定応用心理士（応用心理学会）、認定健康心理士（健康心理学会）

さらに、民間が認定している資格もあります。

臨床心理士（登録者約一万一〇〇〇人）、産業カウンセラー（登録者約六〇〇〇人）

これらの資格のうち、日本心理学会による認定心理士（二〇〇二年末で七三〇〇人）は、大学で心理学関係の授業の単位を満遍なく取得していれば、申請によって取得できます。

これ以外は、それぞれの学会や協会が、研究・業務活動の内容や期間が一定の要件を満たしているかどうかの審査、あるいは基礎的な技能や知識があるかどうかの試験を受けて取得することになります。この中には臨床心理士のように大学院修士卒の学歴を求めるものもあります。

こうした心理の資格は何を保証するのでしょうか。むろん、個々の資格によって保証する内容は異なりますが、共通するところをあげるとつぎの二つになります。

一つは、心の診断能力です。

心の診断能力には、さまざまな心理テストが駆使できる力と、対面コミュニケーションを通した直感的な診断力とがあります。前者の心理テストの中でも、心の深層を探れるとされている投影法のようなものになると、少なくとも一年以上の教育訓練が必要となります。後者の対面コミュニケーション力は、経験を積むことが第一ですが、心についての心理学の知識がベースとして求められます。

二つは、心のケア、心のコントロールの支援能力です。

ここでも技術として、さまざまな心理療法や心のコントロール技術を駆使できる力と、一般的なカウンセリングの力とがあります。いずれについても経験と心理学全般の知識が必要となります。

さて、こうした心理の資格ではどんなことが問題となるのでしょうか。

あまりの資格の数の多さ、それに伴う業務内容のわかりにくさ、さらに資格が診断、支援の実力を保証しているかなど問題は山積みです。それらは今後、実践の場で試行錯誤しながら解決していくしかないと思います。

注意してほしいのは、弁護士や医師などの資格は業務独占資格、つまりその資格がないとその仕事にはつけませんが、心理の資格はいまのところ、業務独占のものはありません。したがって、資格取得がただちに職業とは結びつきません。なんらかの定職について実務経験を積みながら取得するのが現実的です。

心の談話室「心理士の国家資格騒動」

いま、病院における臨床心理の仕事にかかわる国家資格をめぐってちょっとした騒動が起こっています。二〇〇三年一月二三日の朝日新聞の見出しとリード文を転載させていただきました。二〇〇三年の通常国会への法案の提出を予定しているそうですが、どうなるか、目が離せません。

もしこの法案が通れば、心理の資格にもう一つ画期的なものが加わることになります。

国家資格化巡り対立

カウンセリング行う心理士

厚労省推進、反対も根強く

心の病気を抱える人に、病院などでカウンセリングを行う心理士（カウンセラー）を国家資格にすることをめぐり、対立が起きています。賛成派は、医療分野でより質が高い患者へのサービスが可能になるとしています。一方、反対派は「医師に準じたものを作っても、患者の利益にならない」と医療分野に限り資格を付与するという厚生労働省などの考え方は誤りと主張しています。双方の言い分を聞いてみました。

（佐藤陽、中村謙）

研究班

一定の資質確保を狙う

「医療分野に限定」と提案

3・8　大学で心理学を学ぶとどんなところに就職できますか

——心理の就職

いま大学は大衆化してきています。それに合わせるかのように、一方では実務を志向する大学と、もう一方では教養を志向する大学とに二極化しつつあります。

この傾向は、心理学でもはっきりとみられます。一方では、まだ二つだけですが心理学部ができています。心理学科も増えつつあります。もう一方では、福祉や国際や情報といった大きなくくりの学部が増えてきています。その中の一つのコース、あるいはカリキュラムの一部として心理学が入ってきています。

いずれの型の大学を卒業するかで就職の道は異なりますが、ここではとうぜん心理学を専門に学んだ学生の就職について述べることになります。

●メンタルケア関係

なんといっても、心理学の専門性で一番期待されているのが、この関係です。

一つはカウンセリングです。ただ、学部卒ではまだまだ力量不足ですし、臨床心理士の資格も大学院修士卒でないと取れません。それに最近は病院、学校、企業などにまで広がってはきましたが、まだまだ職場がきわめて限定されていて、しかも多くは非常勤職となっています。

公務員関係では、数は多くはありませんが、地方公務員として児童相談所や福祉事務所など、国家公務員の心理職としては法務省少年鑑別所心理技官や家庭裁判所の調査官があります。

●教育関係

心理学の素養のある小中高の教師は、もっと増えるべきだとつねづね思っています。子どもの心を知るすべ、観点を持った教師は貴重だと思うからです。

ただ、心理学だけを勉強していても教職科目にはならないので、どうしてもその数は少なくなります。社会科・公民は心理学の専門科目のいくつかが、教科の専門にも使えるようになっているので、比較的、無理なくとることができます。ただ、その大学が教職の免許を出すための課程認定を受けていないとだめですから、あらかじめ確かめておく必要があります。

会社ではまだ心理学出身者のいかし方がよくわかっていないところがあるように思います。

そこで、大学側の希望もこめて三つの部門を推奨してみたいと思います。

●人事関係

企業にとって人は宝です。採用から適材適所、さらに能力開発や心理面のケアまで、人事管理の仕事は多彩で重要です。こうしたところに、心理学が蓄積してきた知見はそのまま使えます。たとえばテスト理論は採用人事に、教授・学習心理学は研修に、臨床心理学は心理ケアに、というように。

●企画関係

商品やイベント企画にしても、人の心、感性を無視しては消費者に受け入れてもらえません。心理学を学んだことがどれほど心、感性をつかむのに役立つかは未知のところがありますが、少なくともそれをつかむ観点や手法についての蓄積があります。もっとこうした分野で活躍してほしいと思います。

●物づくり関係

技術者といっしょに製品づくりをするわけにはいきませんが、消費者ニーズを製品に反映させたり、製品が消費者に受け入れられるか、使いこなせるかをチェックする仕事(ユーザビリティ検査)は、心理学の実験室で使われている諸手法がそのまま使えます。ただ、心理学の卒業生にこうした仕事の中に入っていくのを恐れるようなところがあります。もっと積極的に飛びこんでいってほしい分野です。

心の談話室「心理の職のレパートリー」

仕事の一端をうかがい知ることができるかと思い、三木善彦ら編『心理の仕事』(朱鷺《とき》書房)の目次の一部を引用させていただきました。心理の職の多彩さがよく見えてくるのではないでしょうか。なお、この本には心理学を使った仕事の現場で働いている方々が自分の仕事を紹介したものが掲載されていて、ひじょうに参考になります。

心理学を生かした仕事と職場

●司法・行政関係
家庭裁判所調査官、少年鑑別所などの心理技官、科学捜査研究所の専門職、労働省(当時)の心理職、航空医学実験隊の研究員

●福祉関係
児童相談所の心理判定員、精神薄弱者更生相談所の心理判定員、地方自治体の心理判定員、家庭児童相談室の相談員、障害者職業カウンセラー、老人総合センターの心理職、

心身障害児施設の心理職、教育センターの相談員

●医療関係

がんセンター研究所の研究員、精神保健センターの臨床心理技術者、こころの健康総合センターの心理技師、母子医療センターの心理士、病院の臨床心理士

●カウンセラー

学校カウンセラー、予備校などのカウンセラー、学生相談室カウンセラー、企業内カウンセラー、開業カウンセラー、いのちの電話相談員(ボランティア)

●民間企業

生命科学研究所の研究員、製薬会社の研究員、化粧品会社の研究員、人材開発担当スタッフ、メンタル・ヘルスの研究開発、人事テストの研究開発、商品テストの研究開発、情報管理担当、電力会社の安全指導担当、ファミコンの調査・分析、広告会社のスタッフ

4部

心理学はどのように学ぶのか

4・1 心理学の概論書
4・2 アカデミック心理学と啓蒙心理学とジャーナリスティック心理学
4・3 大学の心理学
4・4 文理両道
4・5 心理学教育のカリキュラム
4・6 心理学の卒論
4・7 心理学の大学院

明るいが厳しい心理学の未来に直面することになる諸君に、心理学の学びのためのガイダンスをするつもりです。こんな諸君にこのように心理学を学んでほしい、というメッセージを届けるつもりです。よく自分の心と相談しながら、読んでいただき、まちがいのない進路選択をしてほしいと思います。

4・1　心理学の勉強の領域としては、どんなものがありますか
——心理学の概論書

心理学の研究領域については2・1で紹介しました。それはただちに心理学の勉強の領域にはなりません。そこまでの道のりはけっこう長いのです。

心理学の勉強の範囲を知ってもらうには、研究領域よりも心理学の概論書のほうがいいと思います。とうぜん研究領域と勉強の範囲は重なっていますが、概論書のほうは教科書としての使用を想定した区分けになっているので、研究領域より大まかだし、配列も教育的な効果をねらったものになっています。

さて、その概論書ですが、最近はじつに多彩なものが出版されています。したがって、どの概論書を選択するかで困るのですが、幸い世界的に使われていて定評のある教科書(概論書)があります。それは"Hilgard's Introduction to Psychology"(内田一成監訳『ヒルガードの心理学』ブレーン出版)です。最近翻訳されたので、それに準拠して心理学の概論書の領域を概観してみます。

この本では心理学を「行動と心的過程についての科学的研究」と定義して、つぎのような構成で心理学全体を概説しています。・は各部の構成内容をわかりやすく書き直したものです。

●第一部「人間と科学的努力としての心理学」

・ギリシャ時代から二〇世紀までの科学的心理学の歴史
・現代心理学の基本的なアプローチ
・心理学の研究はどのようにおこなわれているか

●第二部「生物学的・発達的過程」

・心の働きのベースになっている神経系と内分泌の構造と機能
・遺伝と行動との関係
・新生児から青年までの発達過程の特徴

●第三部「意識と知覚」

・視聴触味嗅感覚の特性
・知覚過程の諸特性と注意の働き
・睡眠や催眠などの無意識的な心的現象の特徴

●第四部「学習、記憶、思考」
・条件づけによる学習
・覚えて蓄えて思い出す記憶の特性
・言語と心的活動との関係、および思考の諸特性
●第五部「動機づけと感情」
・人を行動に駆り立てる動機の種類と働き
・感情の特性と機能
●第六部「人格と個性」
・知的および情的個人差
・人格のとらえかた
●第七部「ストレス、精神病理、治療」
・ストレスの特徴と対処方法
・さまざまな異常心理とその心理療法
●第八部「社会的行動」
・他者認知や態度の特性

・人と人との社会的相互作用の特徴

いかがでしょうか。心理学の概論書の内容のおおよその見当はついたのではないでしょうか。ヒルガードのこの概論書は一万九〇〇〇円もするので、高校生にすすめるのにはちょっと躊躇してしまいます。二〇〇〇円台で手に入る概論書はたくさん出回っています。その中からとりあえず一冊ぱらぱら眺めてみたらどうでしょうか。最近では、イラストはもとより漫画まで入れるなど趣向を凝らした概論書も出回っています。

ただ心理学に限りませんが、学問に「漫画的な」おもしろさは期待しないでください。心理学への期待にはどうしても、ジャーナリスティック心理学（4・2参照）の影響のためか、研究者の側からすると当惑してしまうようなものが多々あります。

心の談話室「もう一冊の心理学概論書を眺めてみる」

こんな概論書もあるということで、筆者も含めて四人で書いた本『クイズと体験でわかる心理学』（福村出版）の目次を紹介しておきます。学生諸君の興味・関心を引くトピックから話を広げてもらう趣旨でつくってみたものです。

1章　脳心理学・知覚心理学　　古川　聡

4部　心理学はどのように学ぶのか

4・2　心理学の本の多くは、お話ばかりで、データと呼ぶようなものは記載されていませんが、どうしてなのですか——アカデミック心理学と啓蒙心理学とジャーナリスティック心理学

心理学というとき、われわれのような大学人にとっては、言うまでもなくアカデミック(学問的)心理学を意味します。論文はもとより専門書には、データをまとめた図表と専門用語が満載されています。

しかし、本屋の心理学書のコーナーに並べられている「心理学」の本のほとんどは、それがたとえ大学人の書いた本であっても(本書もその一つですが)、データと呼べるようなものは掲載されていることはまずありません。このギャップはどうして起こるのでしょうか。

一つには、アカデミック心理学と啓蒙心理学の違いです。これは心理学に限ったことではありませんが、専門外の方々に専門の内容を知ってもらいたいとき、内容のエッセンスだけをわかりやすく説明する必要があります。

そんなときにデータを持ち出すと、それをどのようにして集めたか、さらにデータの持つ

意味も説明しなければなりません。説明がくどくなります。それによって説明したいことの本質が見えなくなってしまうこともありえます。そこで、「めんどうな話はさておくとして大事なことだけを」言葉や絵で説明するという方便を採用するわけです。

それに、データの項(2・4参照)でも述べたように、データはあくまで仮説の正しさを保証する必要条件に過ぎません。たった一つの実験データだけを記載してあたかもその仮説が検証されたかのように述べることは、やや気が引けるようなところもあります。それならいっそのこと、データはさておいて仮説や思いをていねいに述べるほうを中心にして、という選択もある意味では誠実と言えます。

もう一つは、事をおもしろおかしくするために書かれた心理学(ジャーナリスティック心理学、あるいはポップ心理学と呼んでおきます)の本の場合とのギャップです。

ジャーナリティック心理学の本では、読み手の興味・関心を引くこと、すぐに役立つことを第一義にしていますから、どうしても無理が起こります。アカデミック心理学のほうからすると、かなり危ないことを天真爛漫《てんしんらんまん》に言い切ったり実践することをすすめたりしています。

こちらはこちらでアカデミックな心理学に対して研究テーマのヒントを与えてくれるということもあり、またアカデミック心理学への関心のひろがりをつくってもらえるので、ありがたい面もあります。

さらに、読み手に対して楽しみや趣味の材料、さらに自己啓発のヒントを提供するということもありますから、その存在意義は認めなくてはならないと思います。ただ問題は、それが心理「学」だと勘違いして、心理学を勉強したいと考えて大学に入ってきてしまうことです。そんな学生が最近はとくに増えているような気がします。

せめて、アカデミックな心理学のテキストも一、二冊は眺めてみてください。そして、せめて、啓蒙書とジャーナリスティック心理学書との違い(もっともこの区別はかなり微妙ですが)への感受性は持ってほしいと思います。

心の談話室「ポップ心理学本売れ行きベスト16」

アマゾンコム(Amazon.com)というインターネット書籍販売のサイトで、「心理学」をキーワードとして検索して売れ行き順に出したものがつぎのリストです。残念ながら、アカデミック心理学らしきものは一冊もありません。＊のついた三冊は心理学にベースをおいた啓蒙書です。注意してほしいのは、およそ心理学とは縁のない宗教的な本も心理学の中に含まれてしまっていることです。まだまだ心理学が世の中に人々にわかって

つまり、心は心理学の専売特許ではないということがわかるからです。

もらえていないようです。ただし、これには怪我の功名のようなところもあります。つ
まり、心は心理学の専売特許ではないということがわかるからです。

(1)スピリチュアルメッセージ—生きることの真理
(2)愛蔵版　幸運を引きよせるスピリチュアルブック
(3)ベスト・パートナーになるために—男と女が知っておくべき「分かち愛」のルール　男は火星から、女は金星からやってきた
(4)女は男のどこを見ているか
(5)コミュニケーションのための催眠誘導—恋愛、ビジネス、自己パワーアップ
(6)人生に奇跡を起こすノート術—マインド・マップ放射思考
(7)だれでも天才になれる脳の仕組みと科学的勉強法＊
(8)マスターの教え
(9)アイデアのつくり方
(10)フォトン・ベルトの謎—二〇一二年一二月の地球大クラッシュ
(11)好きな人に愛される法則
(12)記憶力を強くする—最新脳科学が語る記憶のしくみと鍛え方＊
(13)影響力の武器—なぜ、人は動かされるのか＊
(14)「幸運」と「自分」をつなぐスピリチュアルセルフ・カウンセリング
(15)魂の伴侶—ソウルメイト　傷ついた人生をいやす生まれ変わりの旅
(16)この人と結婚するための恋の始まりからプロポーズまで　相手の気持ちを離さない愛のルール

4・3　大学で心理学を学ぶにはどうしたらいいのでしょうか
――大学の心理学

二〇〇〇年に日本ではじめて中京大学に「心理学部」ができました。そこに行けば「基礎」「応用」「臨床」「発達」の四つの分野にわたり幅広く心理学が学べます。さらに立正大学にも、臨床心理学科のみしかありませんが、「心理学部」ができました。今後まだまだ増えるかもしれません。いずれにしてもいまのところ「学部」として心理学を学べるのは、日本ではこの二つの大学だけです。

もし教職免許も取ることをめざしながら、心理学を学びたいという人に絶対のおすすめは、国立大学の教育学部です。教職教養(教育心理学、発達心理学、生徒指導)担当の教官が五人くらいはかならずいます。

これ以外の大学で心理学を学ぶには心理学専攻のあるところを選べばいいのですが、これが最近では意外と難しくなっています。大学の学部や専攻のくくりが「教養化」「実践化」してきているからです。従来のようなアカデミックな学問のくくりより、社会人として教養を身につけることか、社会に出て役に立つことをねらいにして、学部・学科の再編成が急速におこなわれるようになってきています。そして、それにふさわしい新しい名称を冠するようになってきているからです。

いろいろな野菜がまぜこぜになっているサラダボールに無理して一つの名前をつけるような感じもあります。したがって、名称を見ただけではそこで何が学べるか、またどんな心理学が学べるのかがわからないのです。

学部では、「文学部」「人文学部」「教育学部」は伝統的に心理学科をかかえていることはたぶんご存じだと思いますが、つぎのような学部名称から、そこで心理学(の一部)を学べることはなかなかわからないと思います。

生活科学部(お茶の水女子大学)　国際文化部(横浜国立大学)　人間科学部(大阪大学)
総合人間学部(京都大学)　社会学部(一橋大学)　文理学部(日本大学)
家政学部(京都女子大学)　発達科学部(神戸大学)など

なお最近では、大学院中心へ移行している大きな大学では、学部・学科制から大学院研究科・専攻制に変わっています。ますます「心理学」が見えなくなってきています。

そこで、学部名称や研究科名称より、学科やコースや専攻レベルでの探索をすすめることになります。このレベルになるとさすがに「心理」を冠した名称が増えるからです。そこに何を専門とする教官がいるかを調べると、学べる心理学の範囲や希望の心理学の分野があるかどうかがわかります。

日本の大学は実質的には、学科単位でいろいろのことが動いています。一年生の頃は学部共通の授業がありますが、二年生くらいからは将来の卒業論文作成を念頭においたカリキュラムになります。それがどんなものかをしっかりとチェックしてみると、その大学での心理学の学びの内容が見えてきます。

大学全体ではたくさんの心理学者がいるようでも、別の学部・学科に所属していると、まったく接触する機会さえないという現実もありますから、ますます学科やコースを入念にチェックする必要があります。

やや危ない探し方は、自分は動物心理学をやりたい、犯罪心理学をやりたい、さてどこで学べるかを探すというものです。これは、しかるべき本や論文を見つけ、その著者の所属を調べればいいので、比較的かんたんに探すことはできます。ただ、心理学関係の教官はたった一人で、たとえば医学部の中でその専門の特定の講義をしているようなケースがよくあります。とくに犯罪心理学や脳神経心理学などのように隣接学問領域に近かったり、学際的な領域の場合に、こうしたことがよく起こります。そんなところに入ると、まったく興味・関心のない授業をたくさんとらなければならないはめになります。大学院レベルの進路選択ならともかく、学部レベルではあまりこうした狭い観点からの選択はおすすめできません。

幸いなことに、各大学も少子化時代での生き残りをかけてPRに必死です。インターネットのホームページや大学進路情報誌にかなり豊富な情報が提供されています。おおいに活用することをおすすめします。ちなみに検索エンジン「Google」で「心理学」と「大学」で検索してみると、一七万件ものヒットがあります。

さらに、大学評価機構という組織による大学評価がおこなわれるようになってきました。その学部・学科のいい点と悪い点が公開されるようになってきます。そんな情報にもアクセスしてみると役に立つかもしれません。

それらを手がかりにして、これはと思う大学のしかるべき組織や教官や学生に気楽に問い合わせてみることをすすめます。喜んで対応してくれるはずです。

さらに、入試や授業内容などについての説明会をおこなう大学も増えてきました。これを見逃す手はありません。そこに出かけていって、できれば大学生諸君と個人的なコネをつけていろいろの情報をもらうことです。

4・4 心理学は文系ですか、それとも理系ですか――文理両道

学部・学科レベルのくくりとしては、心理学はほとんどが、名称こそさまざまですが文系に属しています。

しかし、心理学は、脳生理学と近い生理心理学が、数学や統計学と近いテスト理論やデータ解析が、医学と近い臨床心理学が、理工学と近い認知心理学が、という具合で、心理学のすべての分野が文系に属することに居心地よく感じているわけではありません。

心理学からスピンアウトして、あちこちの学部それもばりばりの理工系の学部で教育研究をしている心理学の教官もいます。入学試験もこうした傾向を反映してか、数学と社会のいずれかを選択にしているところも少なからずあります。

ただ、文系のイメージが強い学部の中にあるため、どうしても文系志向の強い学生諸君が入学してきます。

ところが、心理学の卒論まで書かせる学科やコースのカリキュラムでは、まず心理学が

「理学」、というより「サイエンス」であることを教えるようになっています。他の自然科学と同じ実証のための方法論にしたがって実験や調査でのデータのとり方、まとめ方、論証の筋道が教えられます。ここで数学的な基本知識を問われます。文系特有(?)の「発想重視、興味関心のおもむくままに」だけではやっていけません。

とは言っても、それもカリキュラムの一部に過ぎませんから安心してください。しかも数学的な知識といっても、ごくごく基礎的なものです。そのときにその気になれば学ぶことができる程度のものです。大事なことはむしろ、科学的に思考することに慣れることです。

半世紀も前の一九五九年に、C・P・スノーという人が、文系人間と理系人間とが水と油のごとく乖離《かいり》していて十分な意志疎《そ》通《つう》ができていないことを憂えた講演をおこなって話題を呼びま

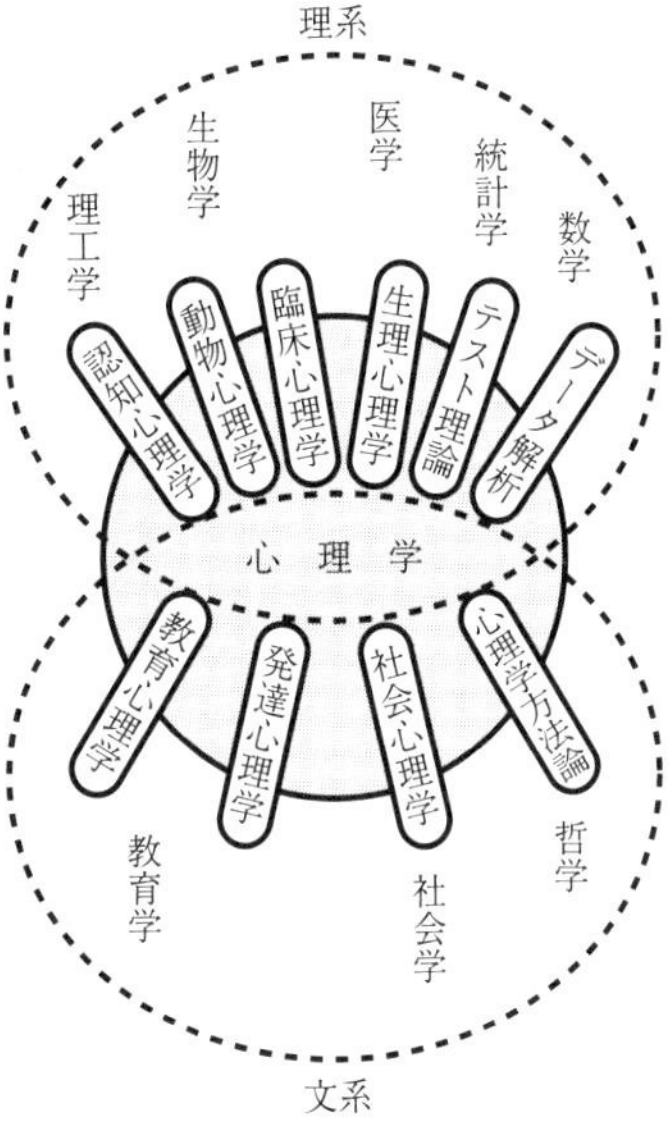

心理学の領域と隣接諸学問

した。
ここでは、心理学は文系か理系かという問を立ててみましたが、こういう区分けはかならずしも適切ではないかもしれません。これほど広い領域をカバーしている心理学ですから、「文理両刀遣い」がいっしょになってやれるところにこそ、心理学の特徴があるのではないかと思います。おおげさな言い方をするなら、心理学の中にこそスノーの憂慮《ゆうりょ》を解決するヒントがあるとも言えるのではないかと思っています。
また、世の中の仕事は文系も理系も融合していて区別はありません。たとえばコピー機の営業の仕事をするとき、機械の説明をするには理系の素養が、顧客と好ましい人間関係をつくりだすには文系の素養が必要です。心理学を学ぶことはその両方の素養を身につけるためと考えれば、少々のつらい学びも克服できます。

心の実験室「あなたは理系人間それとも文系人間?」

つぎの項目の中から、あなたにぴったりの項目に○をつけてください。

1　決められたことをするのが好き　　2　小説やドラマが嫌い
3　集中力がありしかも持続する　　4　エラーはあまりしない

5　やりだしたら一気にやるほう
6　文章表現より図解表現を好む
7　あれこれ議論するのが嫌い
8　人とつきあうのが苦手
9　興味・関心が狭い
10　異性とのつきあいはめんどう
11　時間やスケジュールをきちんと守るほう
12　数学や物理が好き
13　目標がしっかりしている仕事をするのが好き
14　人と話したりいっしょに遊ぶのは好きではない

【解説】　やや独断と偏見も入っていますが、選ぶ数が多ければ理系人間ということになります。数学や物理ができると理系という区分けをしがちですが、性格や興味・関心にも理系人間に独特のものがありそうです。両者は一致することのほうが多いと思いますが、両者の間に乖離《かいり》があるときは、進路選択には慎重を期したほうがいいかもしれません。

筆者の考えでは、学業成績よりもむしろ、ここにあるような性格や興味・関心のほうを重視して文系理系の選択をしたほうが、ハッピーな人生を送れるような気がします。ありがたいことに、心理学は理系人間でも文系人間でも、それにふさわしい学びと研究の領域があります。理系人間なら実験心理学、動物心理学など、文系人間なら臨床心理学、社会心理学などが適しています。

　最後に、もう一つ別のデータを引用しておきます。高校生に文系と理系のイメージをたずねた結果です。文系のイメージが全体にやや不鮮明なことと、「社交性のなさ」「堅さ」「頭のよさ」で理系のほうが際立ったイメージが見られます。自分に照らし合わせてみていかがでしょうか。

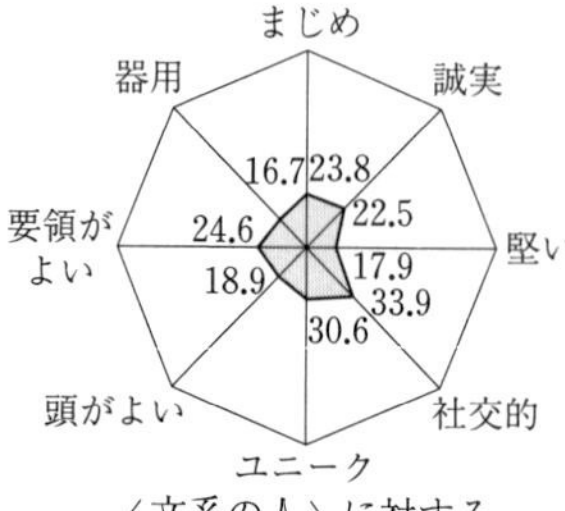

〈文系の人〉に対するイメージ(%)

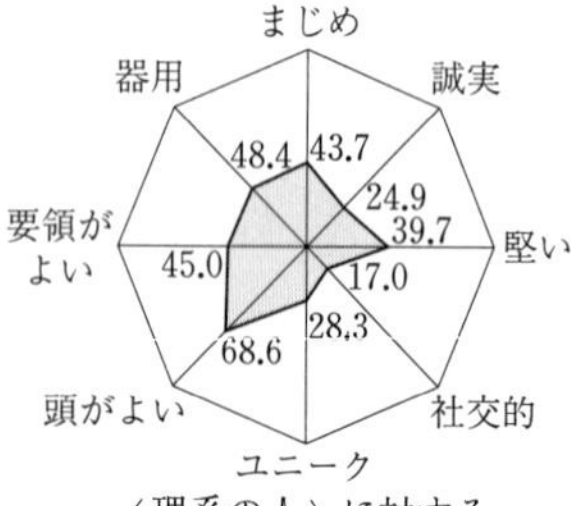

〈理系の人〉に対するイメージ(%)

出典)「モノグラフ・高校生 vol. 46 文系・理系と高校生」(ベネッセ教育総研)
瀬名秀明『ハートのタイムマシン!』角川文庫より

4・5　大学での心理学専攻の四年間の勉強のしかたを具体的に知りたいのですが――心理学教育のカリキュラム

宣伝くさくならないようにして、筑波大学人間学類（学部に相当します）の心理学専攻でのカリキュラムにもとづいて、学年を追って具体的に説明してみたいと思います。

●一年生

学類共通の授業や総合科目など、いわゆる教養的な授業が多くなります。唯一、専門につながる「心理学Ⅰ・Ⅱ」を週に二コマ（一コマは七五分）、講義を受けます。これは数人の教官が自分の専門に近い内容を講義することで、心理学全般の基礎知識を取得してもらうことになります。この成績が悪いと心理学専攻に進むことができないので、学生は必死です。ちなみに人間学類では、他に教育学専攻と心身障害学専攻とがあります。

●二年生

心理学を専攻することがほぼ決まるので、一気に、心理学関連の講義の受講が増えます。とりわけ大事なものが二つあります。

一つは「人間研究実習」です。他の大学では心理学基礎実験実習などと呼ばれているものです。グループで心理学の基本的な実験や調査方法を週一回、三コマ通して実習スタイルで学びます。

もう一つは「心理統計」です。実験や調査で集めたデータを処理して、そこから意味のある情報を引き出すための手法を学びます(2・5参照)。数学の基礎的な知識が求められます。ただ最近は、細かいあるいは高度な計算は、すべてコンピュータがたちどころにやってくれるようになりましたから、あまり細かい手順的で数学的な知識や計算技能はいらなくなりました。統計の基本概念、たとえば平均や分散が何を意味しているかを知るほうに重点がおかれるようになってきたので、安心してください。

余談になりますが、それでも数学は勉強しておいたほうがいいと思います。数学を学ぶことで陶冶される力(論理力、思考力、集中力など)がいたるところで役立つからです。

これ以外にも各領域の概論の授業があります。筑波大学では「実験心理学(感覚・知覚心理学、動物・生理心理学)」「認知・教育心理学」「発達心理学」「社会心理学」「臨床心理学」の五領域で、それぞれの中にある講義一つが、二・三年生で必修になっています。

●三年生

卒論を書くことを想定して、「心理学研究法」という実験実習の授業が必修としてあります。これは前述した五領域のうちから二領域を選択して、それぞれを前期・後期にやります。指導はもっぱら大学院生のティーチング・アシスタント(TA)がおこないます。グループでミニ卒論を書くようなものです。はじめて研究の現場に足を踏み入れることになります。

これと並行して、演習の授業を二つ取らなければなりません。一〇人くらいの少人数でおこない、レポートを求められ、さらに討論参加までしなければなりませんからたいへんです。しかし、このたいへんさが学生を鍛えます。また教官との接触も密になりますから、四年になっての卒論の指導教官にふさわしいかどうかを探ることになります。教官のほうも、三年で演習を取らない学生は、卒論指導しないと広言している方もいます。

ところが、これも余談になりますが、最近、演習でも欠席したり、もっとひどいのは、レポートが当たっていても(いるからか?)欠席してしまう学生が目立ちます。それからもう一つ気にいらないのは、学生が自分の思いを口に出さないことです。受け身の講義に慣れきってしまっているようなのです。これではせっかくの演習がだいなしです。

閑話休題。三年生のカリキュラムにはもう一つ大事なカテゴリーがあります。それは「〇〇特講」などと銘打った講義です。ここではじめて自分の興味・関心にあった心理学の領域に触れることができます。その大学の先生や非常勤の先生がお得意のトピックを話してくれるので、内容は充実しています。講義と連動して、関連する本や文献を読んで知識を深めることになります。

●四年生

いよいよ卒論です。いろいろとめんどうな事務的な手順があります。まずは指導教官の決定です。ここではじめて指導教官の部屋を訪ねる学生諸君もかなりいます。しかし恐れる必要はありません。教官側からすると、たくさんの学生にきてほしい、というのが本音ですから。「卒論生が多くて困る」ような顔をする先生もいますが、内心はうれしいものです。「ぜひ先生にご指導を」との気持ちを強く出すことです。

就職活動、人によっては教育実習もしながらの、四年間の集大成のビッグ・プロジェクトがはじまります。一気に身の回りが忙しくなりますが、これをくぐり抜けるのが青年期最後の発達課題(それぞれの発達段階で格闘すべき課題)です。

これ以後の卒論指導については、次項でお話しします。

4・6　心理学では、卒業論文の指導はどうなっているのですか
――心理学の卒論

卒論指導とはいいところに目をつけたと思います。というのは、卒論をどのように考えているかは、その大学の教育目標と深くかかわってくるからです。

まず、卒論の位置づけから。

じつは、心理学と、たとえば工学や国文学とではまったく違います。工学のような最先端研究をしているところでは、卒論を課されることはまずありません。七、八割の学生が大学院修士課程まで進学して、そこで修士論文を書くことになっているからです。ところが、国文学のような文系では、まさに卒論をめざして三年くらいからがんばらせるところもあります。

心理学では、学会などで会う仲間に聞いてみると、卒業のための六単位必修として本格的な論文を作成させるところから、二人で共同で作成させるところや、卒論とゼミの選択制にしているところまで、いろいろあるようです。

なんらかの卒論を書くとして、ではその指導態勢などはどうなっているのでしょうか。心理学に限っても、指導のしかたは、それぞれの領域の研究文化と個々の教師の考え方の二つが微妙に絡みあっておこなわれます。大きくはつぎの三つのタイプに分けることができます。

●自由放任型

指導教官を引き受け、相談事があればのるが、テーマの決定から論文の完成までをまったく学生にまかせて、求められればコメントする。自己責任ですから、へたをすると水準以下の卒論になってしまうリスクがある。

●共同研究型

学生といっしょに共同研究をするような気持ちで、すべてにわたりともに話し合い、作業をし、論文を完成させる。力が一番つく。

●一部分業型

その教官(の研究室)のテーマの一部をもらい、教官主導で論文を完成させる。質が高い論文ができるが、教官の仕事の下請け的になってしまうこともある。しかし、その分野の学問文化やマナーは身につく。

一般的には、教育心理学系や臨床心理学系では自由放任型が、実験心理学系では一部分業型が多くなります。

卒業論文の発表会がおこなわれると、その席で自分の指導した学生の発表に平気で質問して学生を困らせるような教官がときどきいますが、これは自由放任型のケースの典型です。その一方では、発表している学生そっちのけで教官どうしが議論しあうような場面も起こりますが、これは共同研究型か一部分業型のケースになります。

どの型がいい悪いということはありませんが、学生の嗜好《しこう》や志向が教官のそれとうまく適合していないと、おたがいに不幸な一年を過ごすことになります。教官のタイプや指導のしかたについての情報を先輩などから集めておくといいかもしれません。筆者の場合はかつては共同研究型でした。その成果の一部は学会などで共同で発表することができました。

共同研究型の一番の問題は、指導のコストがかかりすぎるところにあります。学生も教官の迷いや思考の流れにつきあわなければいけないので疲れます。したがって、指導学生が二名を超えるときつくなります。もう一つの問題は、自分勝手にやらせてほしいという学生とは不適合を起こすことです。最近はこちらの指導能力の低下と時間不足もあって、学生によっては自由放任型をとることもあります。これは気楽ですが、教師としては指導をさぼっているという、ややうしろめたい気持ちもあります。学生のほうはしかし、けっこうハッピーのようです。こうした指導を望む学生が最近は筆者のところでは増えています。

心の談話室「心理学の卒論のテーマ」

筑波大学人間学類心理学専攻の卒論の発表が毎年一月下旬におこなわれます。どんなテーマで卒論が書かれているかを知ってもらうために、五分野でタイトルから内容が推測できそうなものを二つずつ選んでみました。

2・1の学会発表のタイトルと比較してみてください。卒論は、素人心理学的な関心からアカデミック心理学的な関心へと変わる里程標となるものです。卒論でまだやり足りないという気持ちを持った人が大学院に進んで研究者の道を歩むことになります。

●臨床心理学
・気晴らしとしての飲酒とその後の気分がアルコール依存傾向に与える影響
・大学生における攻撃性について――抑うつ性・幻覚様体験・妄想的観念との関連

●実験心理学(動物・生理心理学)
・大脳皮質運動野損傷後の体部位再現地図再編成の解析――ラットの前肢運動の障害

およびその回復過程との関係
・カニクイザルの色弁別課題遂行におよぼすMPTP投与の効果

●実験心理学(感覚・知覚心理学)
・横スクロール表示の文字数と速度が読みにおよぼす影響
・表情変化のタイムラグと応答としての適切さ

●認知・教育心理学
・インターネット上での情報的影響の効果および記述表現の効果の検証
・白黒写真は印象が変わるのか――顔写真を用いた印象評定の研究

●発達心理学
・中学生の対人葛藤場面における対処方略パターンが学校適応におよぼす影響
・青年期における「むなしさ」――その構造および関連する諸要因の検討

●社会心理学
・恋愛中の「浮気」行動の生起に影響する要因
・携帯メール利用が大学生活への適応におよぼす影響――友人との活動を媒介として

4・7　心理学関係の大学院が増えていると聞きましたが、大学院ではどのような授業がどのようにおこなわれているのですか。また、大学院を修了すると、どんなところに就職できるのですか——心理学の大学院

最近、心理学の大学院がたくさんできているのは、もっぱら臨床心理士の資格取得に必要なカリキュラムを提供する二年間の修士(マスター)課程です。臨床心理士資格認定協会が指定する大学だけに限定されているので、臨床心理士に興味のある人は、協会のホームページで確認してください。

このように資格直結型、あるいは職業直結型の大学院・修士課程が増えてきました。高度専門職業人の養成のための大学院と呼ばれて、従来の五年間の博士課程まである研究者養成をめざした大学院とは区別されています。

まず、高度専門職業人の養成のための大学院(修士)のほうから。

ねらいはその名前のとおりです。理工系のように、四年間の学部教育の上にさらに二年というタイプ(四＋二型)と、いったん社会人になって経験を積んでから大学院に入り直すタイ

プ(リカレント型)とがあります。一つの専攻の中でこの両者をあらかじめ分けて合格者を決めることもあります。

二年間で三〇単位程度(科目にして八つくらい)を取得し、さらに修士論文を書き、人によっては就職活動もすることになるので、かなり忙しい学生生活になります。

カリキュラムは、将来の職業を意識したものと修士論文作成を想定したものとから構成されています。授業形態はさまざまですが、学生の知識ギャップが大きいため、一律の講義はあまり効果的でないようです。事例研究や学生側からのレポートなどを中心におこなわれることが多いようです。それだけ学生側の負担が増えることにもなりますが、力は明らかについてきます。

さて、つぎは就職です。

心理学の大学院の場合、資格直結型でもただちに希望の職業につける状況には現在のところなっていません。非常勤職(かなり高給のことが多いのが救いですが)はかなりあるのですが、安定したポストが公務員や教員に限られているというのが現状です。

就職という点では、その心配をしなくてすむリカレント型、それも休職か派遣で一年か二年(大学には一年だけ通い、二年目は職場で仕事をしながら論文を書くという制度もあります）学ぶというのが一番です。

でも、最近はそんな悠長《ゆうちょう》な人材養成を許してくれる経済情勢ではないようです。でもあきらめる必要はありません。夜間、しかも都心に教室を開設して便宜をはかる大学院も出てきました。また、放送大学でも臨床心理学関係の大学院が開設されています。大学院レベルの学びの環境は、いまびっくりするくらいよくなっています。


つぎは研究者養成をめざす大学院です。

とうぜん二年間で修士論文を書いて、その後三年間で博士論文を書いて、卒業となります。こちらのほうもいま拡大傾向にあります。夜間はもとより通信制の博士課程もできます。

五年間の課程の前半二年は、三〇単位の取得と修士論文を書かなければなりませんが、それが終わると、あとは授業よりも研究が主となります。学会発表や論文執筆のための実験や調査に明け暮れることになります。昔は心理学も含めて文系はとくに課程の五年が終わっても博士号が出なかったのですが、最近は学会誌に論文一、二本発表程度でもどんどん博士号が出るようになってきています。

問題はやはり就職です。博士浪人を余儀なくされる人が多いのが現状です。ただ最近はポストドク(post-doctor 博士号取得後)対策もいろいろ出てきています。たとえば、数は少ないですが、日本学術振興会のＰＤ研究員になれば、期間三年で、月給三〇万円くらい、研究費ももらえて、研究ざんまいの生活ができます。

実力がある人にとっては、むしろおもしろい研究者環境になってきていると言えるかもしれません。

心の談話室「大学教授までの長い道のり」

大学教授になるまでの典型的な道のりを紹介してみます。楽しい道のりになるか、つらい道のりになるかは、あなたの実力次第です。なお、筆者のこれまでの履歴も随所に入れてみましたので参考にしてください。

1　博士号を取得する(二〇代後半)

学会機関誌への投稿論文が大学院五年間のうちに一、二本掲載されれば、「課程博士」が授与されるようになってきています。この間の生活はアルバイトや奨学金(一二万円程度)でまかなうことになります。なお、学位なしの満期退学でも大学教授の道は閉ざされてはいませんが、これからは厳しいかもしれません。もっとも、いま実業界からの大学教授への転身が多くなってきています。専門知識が豊富なら学位も論文もかならずしも求められません。大学の教養化に対応するための人材として期待されているようです。

筆者は修士号を取得して一年だけ博士課程に在籍して中退し就職してしまったので、この段階では博士号は取れませんでした。

2 最初の給料をもらう(三〇歳前後)

これがなかなか難しいのです。学位を取得してもただちに就職が見つかることはまれです。研究生として学費をおさめて残るか、期間限定の技官や助手になるか、アメリカの大学・研究所や日本学術振興会から提供される数少ないポストをねらうかになります。三〇歳前後、研究者として一番脂の乗り切ったときに就職の心配をしなければならないのはつらいところですが、この時期、他流試合に出て実力を磨き業績をあげることが、本番の就職に有利になります。

3 大学の助手の常勤ポストを得る(三〇代前半)

まじめに研究していれば、いつかはどこかで採用されます。公募もありますが、直接声をかけてもらえるように、学会でのアピールも必要です。筆者は幸い、大学院時代の先輩に声をかけていただき、二五歳で徳島大学に助手として就職できました。

　助手の職務内容は、教育研究の雑務が多くなります。毎日、学生のめんどうをみたり、会議の準備をしたりとなりがちです。持っている能力がいかされないので、できるだけ早くもう一段上をめざすべきです。

　日本のアカデミズムの力に弾みがつかないのは、一番馬力のある三〇代で、そのタレントにふさわしい活躍の場やポストが提供されないからだと思います。

4　大学の講師・助教授になる(三〇代後半)

講師・助教授になると、週に五コマ程度の授業をし、各種の校務をこなしながら研究もすることになります。

　講師・助教授昇進にあたり、研究論文数本が評価の対象になりますが、最近では教育業績もみるようになってきています。

　講師から助教授になるのにハードルを高くしている大学と、ちょっと若いので講師にしているだけの大学とがあります。筆者は徳島大学で助手を四年やり、講師に昇進しました。

　よそからも新しいポストへの就任の声がかかるようになれば一流です。なお、自分から望まない限り、転勤がないのも大学教員の特徴です。

筆者は母校から声がかかり、七年間いた徳島大学から、新設の筑波大学へ移りました。そして取り忘れていた博士号を取ることもできました。日本独特の制度として、「論文博士」というのがあるので、論文を出し、学力試験を通れば誰でもいつでも博士号が取得できます。もちろん厳しい審査がありますが。

5　大学教授になる(四〇代後半)

助教授昇進とほぼ同じ基準で昇進が決まります。国立大学はだいたい年功序列でポストの数が限られていますので、何をおいても退職する教授がいないと話になりません。

筆者は筑波大学で講師二年、助教授一五年、四九歳で教授になれました。

教授になれば六三歳か六五歳定年まで身分は保障されます。これからはしかし、任期制が国立大学では導入され、業績がきびしく評価されるようになってきているので、安閑としているとどうなるかわかりません。

心理学ってどんなもの　　岩波ジュニア新書 427

2003年3月20日　第1刷発行

著　者　海保博之《かいほひろゆき》

発行者　大塚信一

発行所　株式会社 岩波書店
〒101-8002 東京都千代田区一ツ橋 2-5-5
電　話　案内 03-5210-4000　販売部 03-5210-4111
ジュニア新書編集部 03-5210-4065
http://www.iwanami.co.jp/

印刷・三陽社　カバー印刷・NPC　製本・中永製本

ISBN 4-00-500427-X　　Printed in Japan

岩波ジュニア新書の発足に際して

きみたち若い世代は人生の出発点に立っています。きみたちの未来は大きな可能性に満ち、陽春の日のようにひかり輝いています。勉学に体力づくりに、明るくはつらつとした日々を送っていることでしょう。

しかしながら、現代の社会は、また、さまざまな矛盾をはらんでいます。営々として築かれた人類の歴史のなかで、幾千億の先達《せんだつ》たちの英知と努力によって、未知が究明され、人類の進歩がもたらされ、大きく文化として蓄積されてきました。にもかかわらず現代は、核戦争による人類絶滅の危機、貧富の差をはじめとするさまざまな人間的不平等、社会と科学の発展が一方においてもたらした環境の破壊、エネルギーや食糧問題の不安等々、来るべき二十一世紀を前にして、解決を迫られているたくさんの大きな課題がひしめいています。現実の世界はきわめて厳しく、人類の平和と発展のためには、きみたちの新しい英知と真摯《しんし》な努力が切実に必要とされています。

きみたちの前途には、こうした人類の明日の運命が託されています。ですから、たとえば現在の学校で生じているささいな「学力」の差、あるいは家庭環境などによる条件の違いにとらわれて、自分の将来を見限ったりはしないでほしいと思います。個々人の能力とか才能は、いつどこで開花するか計り知れないものがありますし、努力と鍛練の積み重ねの上にこそ切り開かれるものですから、簡単に可能性を放棄したり、容易に「現実」と妥協したりすることのないようにと願っています。

わたしたちは、これから人生を歩むきみたちが、生きることのほんとうの意味を問い、大きく明日をひらくことを心から期待して、ここに新たに岩波ジュニア新書を創刊します。現実に立ち向かうために必要とする知性、豊かな感性と想像力を、きみたちが自らのなかに育てるのに役立ててもらえるよう、すぐれた執筆者による適切な話題を、豊富な写真や挿絵とともに書き下ろしで提供します。若い世代の良き話し相手として、このシリーズを注目してください。わたしたちもまた、きみたちの明日に刮目《かつもく》しています。（一九七九年六月）